Sinhalese Gospel of John 1868

www.HolyBibleFoundation.org

Sinhalese Gospel of John 1868

© 2019 Holy Bible Foundation

ISBN: 978-0-359-52330-6

යොහන් විසින් ලියනලද සුභාරචිය.

1. පරිච්ඡේදය. පටන්ගැන්මෙහිදී
වාක්‍යයානෝ සිටියේක; වාක්‍යයා
නෝ දෙවියන්වහන්සේ සමග සිටියේ
ක; ඒ වාක්‍යයානෝ දෙවියන්වහන්සේ
2. ව සිටියේක. එම තැනන්වහන්සේ
පටන්ගැන්මෙහි දෙවියන්වහන්සේ
3. සමග සිටියේක. ඒ තැනන්වහන්
සේ කරනකොටගෙන සියල්ල මව
නලද්දේය. මවනලද කිසිවක් උන්
වහන්සේ නැතුව නොමවනලද්
4. දේය. උන්වහන්සේ තුල ජීවනය
තිබුනේය. ඒ ජීවනය මනුෂ්‍යයන්ගේ
5. ආලෝකය වූයේය. ආලෝකය
අඳුරෙහි බබලන්නේය. අඳුර ඒක
පිලිගත්තේ නැත.

6. දෙවියන්වහන්සේ විසින් එව
නලද යොහන්නම් මනුෂ්‍යයෙක්
7. සිටියේය. ඔහු තමන් කරනකොට
ගෙන සියල්ලන් විසින් අදහන
පිනිස, ඒ ආලෝකයට සාක්ෂි දෙන්ට
8. සාක්ෂිකාරයෙක්ව ආයේය. ඔහු
ඒ ආලෝකය නුවූයේය; නුමුත් ඒ
ආලෝකයට සාක්ෂි දෙන පිනිස
9. ආයේය. ලෝකයට එන්නාවූ,
සියළු මනුෂ්‍යයන්ට ආලෝක කරන
සැබෑවූ ආලෝකයනම් මූනවහන්සේ
10. වය. උන්වහන්සේ ලෝකයෙහි
සිටියේක. ලෝකයද උන්වහන්සේ
විසින් මවනලද්දේය; නුමුත් ලෝක
යා උන්වහන්සේ ඇඳිනගත්තේ
11. නැත. උන්වහන්සේ ස්වකීයයන්
ලඟට ආයේක; ස්වකීයයෝ උන්ව
12. හන්සේ පිලිගත්තේ නැත. එ
සේවී නුමුත්, යම් පමන දෙනෙක්
උන්වහන්සේ පිලිගෙන උන්වහන්සේ
ගේ නාමය අදහගත්තෝද? එප
මන දෙනාට දෙවියන්වහන්සේගේ
දරුවෝ වෙන්ට බලය දෙනලද්
13. දේය. ඔවුන් දෙවියන්වහන්සේ
ගෙන් මිස, ලේයෙන්වත් මාංශයෙහි
කැමැත්තෙන්වත් මනුෂ්‍ය කැමැත්
14. තෙන්වත් නූපන්නෝය. ඒ වාක්‍ය
යානෝ මාංශවන්ව, කරුනාවෙන්ද
සැබෑකමෙන්ද සම්පූර්ණව, අප
අතරෙහි සිටියේක; පියානන්වහන්
සේගේ ඒකජාතයානන්වහන්සේගේ
තේජස මෙන්, උන්වහන්සේගේ
තේජස දුටිමුව.

15. යොහන් උන්වහන්සේ ගැන
සාක්ෂි දෙමින්, "මට පසුව එන්නා
මට පලමුවෙන් සිටි බැවින්, මට
වඩා උතුම් කෙනෙකැයි, යම් කෙ
නෙක් ගැන කීයෙම්ද? ඒ මූනවහන්
සේවයයි" මහත් ශබ්දයෙන් කීයේය.

16. උන්වහන්සේගේ සම්පූර්ණත්ව
යෙන් අපි සියල්ලෝ වැඩි වැඩිව
17. කරුණාව ලැබීමුව. මක්නිසාද,
ව්‍යවස්ථාව මෝසෙස් කරනකොට
ගෙන දෙනලද්දීය. නුමුත් කරුනා
වද සැබෑකමද යේසුස් ක්‍රිස්තුස්ව
හන්සේ කරනකොටගෙන පැමුනු
18. නෝය. කවරෙක්වත් කිසි කලක
දෙවියන්වහන්සේ දුටුවේ නැත.
පියානන්වහන්සේගේ ඒකජාත ඖ
රස පුත්‍රයානන්වහන්සේම උන්ව
හන්සේ එලිදරව්කලසේක.
19. "නුඹ කවරෙක්දැයි" යොහන්
ගෙන් අසන්ට, යුදෙව්වරු යෙරු
සලමේ සිට පූජකයන්ද ලෙවීවරුන්ද
යවූකල, ඔහු විසින් දුන් සාක්ෂි මේය.
20. ඔහු සැබෑවම කියමින්, "මම
ක්‍රිස්තුස් නොවෙමියි" නොසඟවා
21. සත්‍යයම කීයේය. "එසේවීනම්
නුඹ කවරෙක්ද? එලියස්දැයි?"
ඔවුන් ඇසූකල, "නොවෙමියි"
කීයේය. "නුඹ ඒ අනාගතවක්තෘ
දැයි?" ඇසුවෝය; "නැතැයි" උත්
22. තර දුන්නේය. එකල, "අප
එවූවන්ට අපි උත්තර දෙන පිනිස,
නුඹ කවරෙක්දැයි නුඹ ගැනම නුඹ
කියන්නේ මොකදැයි?" ඔහුගෙන්
23. ඇසුවෝය. ඔහු, "යෙසායියා
අනාගතවක්තෘ කී හැටියට, 'ස්වාමීන්
වහන්සේගේ මාර්ගය ඇදහැරපල්
ලායයි, වනාන්තරයෙහි හඬගසන්
නෙකුගේ ශබ්දය' මමයයි" කීයේය.
24. එවනලද අයවල් ඵරිසිවරුය.
25. එවිට ඔවුන් කථාකොට, "එසේ
වීනම් නුඹ ක්‍රිස්තුසවත්, එලියසවත්,
ඒ අනාගතවක්තෘවත් නොවේනම්,
බව්තීස්ම කරන්නේ මක්නිසාදැයි?"
26. ඔහුගෙන් ඇසුවෝය. යොහන්
ඔවුන්ට උත්තර දෙමින්, "මම වතු
රෙන් බව්තීස්මකරමි; නුමුත් නුඹලා
නාඳුනන කෙනෙක් නුඹලා අත
27. රෙහි සිටිනසේක. මට පසුව
එන උන්වහන්සේ මට පලමුත් සිටි
සේක. උන්වහන්සේගේ වහන්
සගලේ පටිය මුදන්ටවත් මම වටින්
28. නේ නැතැයි" කීයේය. යොහන්
බව්තීස්මකරමින් සිටි යොර්දානෙන්
එගොඩ බෙතාබරේදී මේ කාරනා
සිද්ධවූයේය.
29. පසුවදා, යොහන් තමන් ලඟට
එන්නාවූ යේසුස්වහන්සේ දැක කිය
නුයේ, "බලාපල්ලාය, ලෝකයෙහි
පාපය දුරුකරන්නාවූ දෙවියන්
වහන්සේගේ බැටළු පැටියාය.
30. 'මට පසුව එන්නාවූ මනුෂ්‍යයා
මට පලමුවෙන් සිටි බැවින්, මට
වඩා උතුම් සේකැයි' මම කීවේ,
31. මූන්වහන්සේ ගැනය. මම උන්
වහන්සේ නොහැඳින්නෙමි; නුමුත්
උන්වහන්සේ ඊශ්‍රායෙල්හට එලිදරව්
වෙන පිනිස, මම වතුරෙන් බව්තීස්
මකරමින් ආයෙමියි" කීයේය.
32. තවද යොහන් සාක්ෂි දෙමින්
කියනුයේ, "ආත්මයානන්වහන්සේ
පරවියෙකු මෙන් අහසින් බැස උන්
වහන්සේ පිට සිටින බව දුටිමි.
33. මමද උන්වහන්සේ නැඳිනෙමි;
නුමුත් වතුරෙන් බව්තීස්ම කරන්ට
මා එවූ තැනැන්වහන්සේම, 'යමෙක්
මත්තේ ආත්මයානන්වහන්සේ බැස
සිටින බව දකීද, උන්වහන්සේම
ශුද්ධාත්මයෙන් බව්තීස්මකරනසේ
34. කැයි' මට කීසේක. මම ඒ දැක,
මූන්වහන්සේ දෙවියන්වහන්සේගේ
පුත්‍රයානයි සාක්ෂි දුනිමියි" කීයේය.
35. පසුවද, යොහන් තමන් ගෝල
යන්ගෙන් දෙන්නෙක් සමග සිටිය
36. විට, යේසුස්වහන්සේ ඇවිදින
වා දැක, "බලාපල්ලාය, දෙවියන්ව
හන්සේගේ බැටළු පැටියායයි"
37. කීයේය. ඒ ගෝලයෝ දෙන්නාද
ඔහුගේ බස් අසා, යේසුස්වහන්සේ
38. පස්සේ ගියෝය. එවිට යේසුස්
වහන්සේ හැරී, තමන් පස්සේ එන්
නාවූ ඔවුන් දැක, "කුමක් සොයන
වාදැයි?" ඔවුන්ගෙන් ඇසූසේක.

ඔවුන්ද, ආචාරීන්වහන්ස යන අර්ථ
ඇති "රබ්බි, ඔබවහන්සේ පදිංචිව
සිටින්නේ කොතනදැයි?" ඇසූ
39. වෝය. උන්වහන්සේ, "ඇවිත්
බලාපල්ලායයි" ඔවුන්ට කීසේක.
ඔවුන්ද ගොස් උන්වහන්සේ වාසය
කරන ස්ථානය දැක, දස පැය පමනවූ
බැවින් ඒ දවස උන්වහන්සේ සමග
40. සිටියෝය. යොහන්ගේ බස් අසා
උන්වහන්සේ පස්සේ ගියාවූ දෙන්
නාගෙන් එකෙනෙක්, සීමොන් පේත්‍රුස්
41. ගේ සහෝදරවූ අන්දෘය. ඔහු
පලමුකොට තමන් සහෝදරවූ සී
මොන් දැක, "මෙසියස් දුටිමුයයි"
ඔහුට කීයේය. එහි අර්ථයනම් ක්‍රිස්
42. තුස්ය. එවිට ඔහු යේසුස්වහන්
සේ ලඟට කැඳවාගෙන ආයේය.
යේසුස්වහන්සේ ඔහු බලා, "නුඹ
යෝනාගේ පුත්‍රවූ සීමොන්ය. නුඹෙ
නම කෙඵස් වේයයි" කීසේක. එහි
අර්ථයනම් ගලය.

43. පසුවද යේසුස්වහන්සේ ගලි
ලයට පිටත්ව යන්නට කැමතිව
පිලිප් දැක, "මා පස්සේ වරෙන්
44. නැයි" ඔහුට කීසේක. පිලිප්ද
අන්දෘ සහ පේතෘස් විසූ බෙත්සයිද
45. නුවර වැසියෙක. පිලිප්ද නතා
නියෙල් දැක, "යම් කෙනෙක් ගැන
ව්‍යවස්ථාවෙහි මෝසෙස් විසිනුත්,
අනාගතවක්තෘන් විසිනුත් ලියනලද්
දේද? උන්වහන්සේ දුටිමුව. උන්ව
හන්සේනම් යෝසැප්ගේ පුත්‍රවූ
නාසරැත් යේසුස්යයි" ඔහුට කීයේය.
46. නතානියෙල්ද, "නාසරැත් නුව
රින් කිසි යහපතක් වෙන්නට පුළු
වන්දැයි" ඔහුගෙන් ඇසුයේය.
පිලිප්ද, "ඇවිත් බලාපන්නැයි"
47. ඔහුට කීයේය. යේසුස්වහන්සේ
නතානියෙල් තමන් ලඟට එනවා
දැක, "මොහු සැබෑවූ වංචා නැති
ඊශ්‍රායෙල් කෙනෙකැයි" ඔහු ගැන
48. කීසේක. නතානියෙල්, "මා අඳු
නන්නේ කොහොමදැයි?" උන්වහන්
සේගෙන් ඇසුයේය. යේසුස්වහන්
සේ උත්තර දෙමින්, "පිලිප් නුඹ
කැඳවන්ට පලමුවෙන්, දිඹුල් ගස
යට සිටියදී නුඹ දුටිමියි" කීසේක.
49. එවිට නතානියෙල් උත්තර
දෙමින්, "රබ්බි, ඔබවහන්සේ දෙවි
යන්වහන්සේගේ පුත්‍රයාය; ඔබව
හන්සේ ඊශ්‍රායෙල්ගේ රජයයි"
50. කීයේය. යේසුස්වහන්සේ ඔහුට
උත්තර දෙමින්, "දිඹුල් ගස යට සිටි
යදී නුඹ දුටිමියි නුඹට කී බැවින්
අදහගන්නවාද? නුඹ මීට වඩා මහත්
දේ දකිනවා ඇතැයි" කීසේක.
51. තවද උන්වහන්සේ, "සැබවක්
සැබවක් නුඹලාට කියමි, මින් මතු
ස්වර්ගය ඇරී, දෙවියන්වහන්සේගේ
දූතයෝ මනුෂ්‍ය පුත්‍රයා කරා බසින
බවද නගින බවද නුඹලා දකිනවා
ඇතැයි" කීසේක.

2. පරිච්. තුන්වෙනිද ගලිල
යෙහිවූ කානාහි විවාහ මංගල්‍යයක්
විය. යේසුස්වහන්සේගේ මෑනියෝද
2 එහි සිටියාය. යේසුස්වහන්සේත්
උන්වහන්සේගේ ගෝලයෝත් ඒ
මංගල්‍යයට කැඳවනු ලැබුවෝය.
3. මුද්‍රිකපානය අඩුවූනුකල, "ඔවුන්
ට මුද්‍රිකපානය නැතැයි" යේසුස්ව
හන්සේගේ මෑනියෝ උන්වහන්සේට
4. කීවාය. යේසුස්වහන්සේ, "ස්ත්‍රිය,
නුඹටත් මටත් එයින් කම් කිමද? මා
ගේ වේලාව තවම පැමුනුනේ නැතැ
5. යි" කීසේක. උන්වහන්සේගේ මෑනි
යෝ, "උන්වහන්සේ නුඹලාට කියන
දේ කරපල්ලායයි" වැඩකාරයන්ට
6. කීවාය. යුදෙව්වන්ගේ පවිත්‍රවීමේ
ව්‍යවහාරය ලෙස, එක එකට මෙත්‍රෙ
ක දෙකක් තුනක් පමන අල්ලන්
නාවූ ගල් සැලි හයක් එහි තබා
7. තිබුනේය. යේසුස්වහන්සේ, "ඒ
සැලිවල වතුර පුරවාපල්ලායයි"
ඔවුන්ට කීසේක. ඔවුන්ද ඒවා කට
8. දක්වා පිරෙව්වෝය. එවිට උන්ව

හන්සේ, "එසින් අරන්, මංගල්‍ය
යෙහි ප්‍රධානයා ළඟට පලයල්
ලායයි" ඔවුන්ට කීසේක. ඔවුන්ද
9. ගෙනගියෝය. මංගල්‍යයෙහි ප්‍රධා
නයා වතුරෙන් සෑදූ මුද්‍රිකපානය
රස බලා, වතුර ගෙනා වැඩකාරයෝ
මිස කොතනින් ගෙනාවාද කියා
10. නොදැන, මනමාලයා කැඳවා, "සි
යළු මනුෂ්‍යයෝ පලමුකොට හොඳ
මුද්‍රිකපානය දෙති; කැඳවනු ලැබූ
වෝ හොඳටම බීකල්හි ඊට නරක
මුද්‍රිකපානය දෙති; නුඹ මේ වෙන
තුරුම හොඳ මුද්‍රිකපානය තැබූයේ
11. යයි" ඔහුට කීයේය. යේසුස්ව
හන්සේ ගලීලයෙහි කානාහිදී මේ
පලමුවෙනි ආශ්චර්‍ය්‍යය කොට,
තමන්ගේ තේජස පෙන්නුසේක.
උන්වහන්සේගේ ගෝලයෝ උන්
12. වහන්සේ අදහාගත්තෝය. ඉන්
පසු උන්වහන්සේද උන්වහන්සේගේ
මෑණියෝද සහෝදරයෝද ගෝල
යෝද කපර්ණවුමට ගියෝය.
නුමුත් ඔවුන් බොහෝ දවස් එහි
නොසිටියෝය.

13. යුදෙව්වන්ගේ පාස්කු මංග
ල්‍යය කිට්ටුවූකල, යේසුස්වහන්සේ
14. යෙරුසලමට ගියසේක. එහි පැ
මිණ, දේවමාලිගාවේ ගවයින් බැට
එවන් පරෙවියන් විකුණන්නෝද
මිල මාරුකරන්නෝද ඉන්න බව
15. දැක, සිහින් ලනුවලින් කසයක්
සාදා, මාලිගාවෙන් ඔවුන් සියල්ලන්
බැටළුවන්ද ගවයින්ද පිටත එලවා,
මිල මාරුකරන්නන්ගේ මිල ඉසුරුවා,
16. මේස පෙරලාදමා, "මේ දේවල්
මෙතනින් හැරගනිල්ලාය; මාගේ
පියානන්වහන්සේගේ ගේ වෙළඳම්
ගෙයක් නොකරල්ලායයි" පරෙ
වියන් විකුණන්නන්ට කීසේක.
17. එවිට, "ඔබවහන්සේගේ ගේ
ගැන ජ්වලිතය මා දැව්වේයයි" ලියා
තිබෙන බව උන්වහන්සේගේ ගෝ
ලයන්ට සිහිවිය.

18. එකල යුදෙව්වරු උන්වහන්
සේට කථාකොට, "ඔබ මේ දේ
කිරීමට මොන ලකුණක් අපට දක්
19. වන්නේදැයි?" ඇසුවෝය. යේසු
ස්වහන්සේ ඔවුන්ට උත්තර දෙමින්,
"නුඹලා මේ දේවමාලිගාව නැසූ
වොත් තුන් දවසකින් ගොඩනාග
20. මියි" කීසේක. යුදෙව්වරු, "මේ
මාලිගාව ගොඩනැගීමට සතලිස්
සාවුරුද්දක් ගියේය. නුඹ ඒක තුන්
දවසකින් ගොඩනගන්නේදැයි?"
21. කීවෝය. නුමුත් උන්වහන්සේ
තමන්ගේ ශරීරය නැමති දේවමාලි
22. ගාව ගැන කථාකලසේක. උන්
වහන්සේ ඔවුන්ට මේ කාරනා කී
බව, උන්වහන්සේ මලවුන්ගෙන්
නැගුටුනායින් පසු, උන්වහන්සේගේ
ගෝලයෝ සිහිකොට, ලියවිලිද
යේසුස්වහන්සේ කී වචනයද අදහා
ගත්තෝය.

23. උන්වහන්සේ පාස්කු මංගල්‍ය
යේදී යෙරුසලමෙහි සිටි කල්හි,
බොහෝ දෙන උන්වහන්සේ විසින්
කල ආශ්චර්‍ය්‍යයන් දැක, උන්වහන්
සේගේ නාමය කෙරෙහි අදහාගත්
24. තෝය. නුමුත් යේසුස්වහන්සේ
සියල්ලන් අඳුනන බැවින්, තමාම
25. ඔවුන්ට බැඳුනේ නැත. මනුෂ්‍ය
යන් තුලේ තිබෙන සියල්ල දැනගත්
බැවින්, යමෙක් ගැන සාක්ෂි ලැබී
මෙන් උන්වහන්සේට කමක් නැත.

3. පරිච්ඡ. යුදෙව්වන්ගේ ප්‍රධා
නියෙක්වූ නිකදේමුස්නම් ඵරිසි
2. යෙක් සිටියේය. ඔහු රාත්‍රියේ
යේසුස්වහන්සේ ළඟට ඇවිත්,
"රබ්බි, ඔබවහන්සේ දෙවියන්වහන්
සේ කෙරෙන් ආවාවූ ගුරු කෙනෙ
කැයි දනිමුව; මක්නිසාද, යමෙක්
සමග දෙවියන්වහන්සේ නැත්නම්,
ඔබවහන්සේ කරන්නාවූ මේ ආශ්
චර්‍ය්‍යයන් කරන්නට ඔහුට බැරියයි"
3. උන්වහන්සේට කීයේය. යේසුස්

වහන්සේ උත්තර දෙමින්, "සැබ
වක් සැබවක් නුඹට කියමි, යමෙක්
නැවත නූපන්නොත්, ඔහුට දෙවි
යන්වහන්සේගේ රාජ්‍යය දකින්නට
4. බැරියයි" කීසේක. එවිට නිකදේ
මුස්, "මනුෂ්‍යයෙකුට මහළුවූ පසු
උපදින්නට පුළුවන් කොහොමද?
දෙවෙනි වර මව්කුසට ඇතුල්ව උප
දින්ට පුළුවන්දැයි?" උන්වහන්සේ
5. ගෙන් ඇසුයේය. ජේසුස්වහන්සේ
උත්තර දෙමින්, "සැබවක් සැබ
වක් නුඹට කියමි, යමෙක් වතුරෙනු
ආත්මයෙන්ද නූපන්නොත්, ඔහුට
දෙවියන්වහන්සේගේ රාජ්‍යයට ඇ
6. තුල්වෙන්නට බැරිය. මාංශයෙන්
උපන් දේ මාංශයය; ආත්මයෙන්
7. උපන් දේ ආත්මයය. නුඹලා
නැවත උපදින්ට ඕනෑයයි මම
8. කීවාට පුදුමවෙන්ට එපාය. හුළඟ
කැමති කැමති තැනට ගසන්නේය;
එහි ශබ්දය නුඹට ඇසෙන්නේය;
නුමුත් කොහෙන් එන්නේද කොත
නට යන්නේදැයි නොදන්නේය.
ආත්මයෙන් උපන් සියල්ලෝම එසේ
9. වයයි" කීසේක. නිකදේමුස් උන්
වහන්සේට උත්තර දෙමින්, "මේ
දේ වෙන්නට පුළුවන් කොහොම
10. දැයි?" ඇසුයේය. ජේසුස්වහන්
සේ උත්තර දෙමින්, "ඊශ්‍රායෙල්ගේ
ගුරුකෙනෙක්වූ නුඹ මේ දේ දනෙන්
11. නැද්ද? සැබවක් සැබවක් නුඹට
කියමි, අපි දන්නා දේ කියමුව;
අපි දුටු දේටම සාක්ෂි දෙමුව; නුමුත්
නුඹලා අපේ සාක්ෂිය නොගනිති.
12. මම නුඹලාට පොළොවේ දේ
කී කල්හි නුඹලා අදහා නොගත්
තොත්, ස්වර්ගීයවූ දේ කියනවානම්
ඒ දේ අදහගන්නේ කොහොමද?
13. ස්වර්ගයෙන් බැස්සාවූ, ස්වර්ග
යෙහි සිටින්නාවූ මනුෂ්‍ය පුත්‍රයා
මිස, කිසිවෙක්වත් ස්වර්ගයට නො
14. නැංගේය. මෝසෙස් වනාන්
තරයේදී සර්පයා එසවූ ලෙසම,
15. මනුෂ්‍ය පුත්‍රයාද, තමන්වහන්සේ
අදහගන්නා සියල්ලෝම විනාශයට
නොපැමිණ සදාකාල ජීවනය ලබන
පිනිස, ඔසවනු ලබන්නට ඕනෑය.
16. මක්නිසාද, උන්වහන්සේ අදහා
ගන්නා සියල්ලෝම විනාශයට නො
පැමිණ සදාකාල ජීවනය ලබන
පිනිස, දෙවියන්වහන්සේ තමන්ගේ
ඒකජාත පුත්‍රයා දෙමින්, ලොවට
17. එපමණ ප්‍රේම කළසේක. තවද,
ලෝකයා වරදට පත්කිරීම පිනිස
නොව, උන්වහන්සේ කරනකොට
ගෙන ලෝකයාගේ ගැළවීම පිනිස,
දෙවියන්වහන්සේ තමන්ගේ පුත්‍රයා
18. ලෝකයට එව්වසේක. උන්වහන්
සේ අදහාගන්නා තැනැත්තේ වර
දට පත්නොකරනලද්දේය. අදහා
නොගන්නා තැනැත්තේ, දෙවියන්
වහන්සේගේ ඒකජාත පුත්‍රයාගේ
නාමය අදහා නොගත් බැවින්,
දැන්ම වරදට පත්කරනලද්දේය.
19. ලෝකයට ආලෝකය පැමිනි
යේය; නුමුත් මනුෂ්‍යයන්ගේ ක්‍රියා
වල් නපුරුව තිබෙන බැවින්, ඔවුන්
ආලෝකයට වඩා අන්ධකාරයට ප්‍රිය
කරති; ඒකම ඔවුන් වරදට පත්වී
20. මට කාරනා වේ. මක්නිසාද,
නපුරුකම් කරන සියල්ලෝ ආලෝ
කයට අප්‍රියව, තමන්ගේ ක්‍රියාවල්
ප්‍රකාශ නොවෙන පිනිස ආලෝක
21. යට එනෙන් නැත. නුමුත් සැබෑව
කරන තැනැත්තේ, තමන්ගේ ක්‍රියා
වල් දෙවියන්වහන්සේ කෙරෙහි කර
නලදැයි ප්‍රකාශවෙන පිනිස, ආලෝ
කයට එන්නේයයි" කීසේක.
22. ඉන්පසු ජේසුස්වහන්සේද
තමන් ගෝලයෝද යුදය රටට පැමි
ණියෝය. එහිදී උන්වහන්සේ ඔවුන්
සමග සිට බව්තීස්ම කළසේක.
23. යොහන්ද සාලිම් ලඟවූ බොහෝ
වතුර ඇති ඒනොන් යන ස්ථාන
යෙහි බව්තීස්මකරමින් සිටියේය.
මනුෂ්‍යයොද ඇවිත් බව්තිස්ම ලැබූ

24. වෝය. යොහන් එතකල්ම හිර
ගෙහි දමනු නොලැබුයේය.
25. එකල පවිත්‍රවීම ගැන යුදෙව්
වන් සහ යොහන්ගේ ගෝලයන්
අතරේ වාදයක් හටගත්තේය.
26. එවිට ඔවුන් යොහන් ළඟට
ඇවිත්, “රබ්බී, යොර්දන් එගොඩ
නුඹ සමග සිටියාවූ යමෙක් ගැන නුඹ
සාක්ෂි දුන්නේද? උන්වහන්සේම බව්
තීස්ම කරනසේක. සියල්ලෝද උන්
වහන්සේ වෙතට පැමිණෙතිස්”
27. ඔහුට කීවෝය. යොහන් උත්තර
දෙමින් කියනුයේ, “මනුෂ්‍යයෙකුට
ස්වර්ගයෙන් දුන් දෙයක් හැර කිසි
28. වක් ලැබෙන්ට බැරිය. ‘මම ක්‍රිස්
තුස් නොවෙමි; නුමුත් උන්වහන්
සේට ඉස්සරව එවනලද්දෙමියි’ මම
කී බවට නුඹලාම සාක්ෂිකාරයෝ
29. වෙති. මනමාලී ඇත්තා මනමා
ලයාය; නුමුත් මනමාලයාගේ බස්
අසමින් සිටින්නාවූ මිත්‍රයා මනමාල
යාගේ කථාවට බොහෝසෙයින්
සන්තෝසවෙයි. එසේම මාගේ මේ
සන්තෝසය සම්පූර්ණවූයේය.
30. උන්වහන්සේ වඩිනවෙන්ටද
31. මම අඩුවෙන්ටද නිසිය. උඩින්
එන්නාවූ උන්වහන්සේ සියල්ලන්ටම
උතුම්ය. භූමියෙන්වූ තැනැත්තේ
භූමිකව, භූමිය ගැන කථාකරන්
නේය. ස්වර්ගයෙන් එන්නාවූ තැන
න්වහන්සේ සියල්ලන්ට උතුම්ව,
32. තමන්වහන්සේ විසින් අහපු දු
කපු දේ ගැන සාක්ෂි දෙනසේක. නු
මුත් කවරෙක්වත් උන්වහන්සේගේ
33. සාක්ෂිය පිළිනොගන්නේය. දෙවි
යන්වහන්සේ විසින් එවනලද්දාවූ
තැනන්වහන්සේ ප්‍රමාණයක් නැතුව
දෙවියන්වහන්සේගෙන් ආත්මය
ලැබ, දෙවියන්වහන්සේගේම වචන
34. කියන බැවින්, යමෙක් උන්ව
හන්සේගේ සාක්ෂි පිළිගත්තොත්,
ඔහු දෙවියන්වහන්සේ සැබෑ කෙනෙ
කැයි තමන්ගේ මුද්‍රය තැබුයේය.
35. පියානන්වහන්සේ පුත්‍රයාට ප්‍රේ
මව, සියල්ල උන්වහන්සේගේ අතට
36. බාරදුන්සේක. පුත්‍රයානන්වහන්
සේ කෙරේ අදහන්නාට සදාකල්
ජීවත්වීම ඇත. පුත්‍රයානන්වහන්
සේට කීකරු නොවෙන්නා ජීවනය
නොදක්නේය. එහෙත් දෙවියන්ව
හන්සේගේ උදහස ඔහු කෙරෙහි
පවත්නේයයි” කීයේය.

4. පරිච්ඡේ. යේසුස්වහන්සේගේ
ගෝලයෝ විසා, උන්වහන්සේම බව්
තීස්ම නොකලසේක; නුමුත්,
2. “යොහන්ට වඩා යේසුන්වහන්සේ
ගෝලයන් සාදාගෙන බව්තීස්මකල
සේකැයි” ඵරිසිවරුන්ට ආරංචිවූ බව
3. ස්වාමින්වහන්සේ දැන, යුදය හැර
4. ගලීලයට නැවත ගියසේක. උන්
වහන්සේ සමාරිය මැදින් යන්නට
5. ඕනෑය. එකල, යාකොබ් තමන්
පුත්‍රවූ යෝසැප්ට දුන් බිමට නුදුරුව
තිබෙන සමාරියෙහි සිඛාර්නම් නුව
6. රකට පැමිනිසේක. එහි යාකොබ්
ගේ ලිඳ තිබුනේය. යේසුස්වහන්
සේ ගමනින් වෙහෙසව, ලිං පඩිය
උඩ හිඳගත්සේක. එවිට හවෙනි පැය
7. පමන විය. සමාරියේ ස්ත්‍රියක්
වතුර අදින්නට ආවාය. යේසුස්ව
හන්සේ, “මට බොන්ට දියන්නැයි”
8. ඈට කීසේක. මක්නිසාද, උන්ව
හන්සේගේ ගෝලයෝ කෑම මිලේට
9. ගන්නට නුවරට ගියෝය. එවිට
යුදෙව්වරුන් සමග සමාරිවරුන්ගේ
ගනුදෙනුවක් නැති බැවින්, සමාරි
යෙහි ස්ත්‍රී උන්වහන්සේට කථාකොට,
යුදෙව් කෙනෙක්වූ නුඹ සමාරියේ
ස්ත්‍රියෙක්වූ මගෙන් බොන්නට ඉල්
ලන්නේ කොහොමදැයි” කීවාය.
10. යේසුස්වහන්සේ උත්තර දෙ
මින්, “දෙවියන්වහන්සේගේ තෑග්ග
කිමෙක්ද කියාත්, ‘මට බොන්නට
දියන්නැයි’ නුඹට කීවේ කව්ද
කියාත් නුඹ දැනගත්තානම්, නුඹ

ඔහුගෙන් ඉල්ලනවා ඇත. එවිට
ඔහු නුඹට ජීවනදායක වතුර දෙන
11. වා ඇතැයි” ඈට කීසේක. ඒ
ස්ත්‍රී, “ස්වාමිනි, නුඹට වතුර අදින
භාජනයක් නැත; ළිඳද ගැඹුරුය.
එහෙයින් මේ ජීවනදායක වතුර
12. නුඹට කොයින්ද? “මේ ළිඳ
අපට දුන් අපගේ පියවූ යාකොබ්ට
වඩා නුඹ උතුම් කෙනෙක්ද? ඔහුද
ඔහුගේ පුත්‍රයෝද ඔහුගේ සිව්පා
වෝද මෙයින් බීවෝයයි” උන්වහන්
13. සේට කීවාය. යේසුස්වහන්සේ
උත්තර දෙමින්, “මේ වතුරෙන්
බොන්නාට නැවත පිපාසවෙයි.
14. නුමුත් මම දෙන්නාවූ වතුර
බොන්නාට කවදාවත් පිපාස වෙන්
නේ නැත. මම ඔහුට දෙන වතුර,
සදාකාල ජීවනයට වතුර උනනනාවූ
උල්පතක් මෙන්, ඔහු ඇතුලෙහි
15. වන්නේයයි” කීසේක. ඈ “ස්වා
මිනි, මට පිපාස නොවෙන පිනිසද,
මෙහි අදින්ට නේන පිනිසද, ඒ
16. වතුර දුනමැනවයි” කීවාය. යේ
සුස්වහන්සේද “නුඹ ගොස්, නුඹේ
පුරුෂයා කැඳවාගෙන, මෙහි වරෙන්
17. නැයි” ඈට කීසේක. ඒ ස්ත්‍රිය,
“මට පුරුෂයෙක් නැතැයි” කීවාය.
යේසුස්වහන්සේ ඈට කියනසේක්,
“මට පුරුෂයෙක් නැතැයි නුඹ කීවා
18. හරිය. මක්නිසාද, නුඹට පුරු
ෂයෝ පස්දෙනෙක් වූවෝය; දැන්
සිටින තැනැත්තේ නුඹේ පුරුෂයා
නොවේය, ඒ ගැන සැබෑවම කීවා
19. යයි” කීසේක. ස්ත්‍රීද උන්වහන්
සේට කියන්නී, “ස්වාමීනි, නුඹ අනා
ගතවක්තෘ කෙනෙකැයි දනිමි.
20. අපගේ පියවරු මේ කන්දේදී
නමස්කාර කළෝය; නුමුත් නමස්
කාර කටයුතුවූ ස්ථානය යෙරුසල
මේයයි නුඹලා කියතියි” කීවාය.
21. යේසුස්වහන්සේ ඈට කියන
සේක්, “ස්ත්‍රිය, මාගේ වචනය අදහ
ගනින්න; මේ කන්දේදීවත් යෙරු
සලමේදීවත් පියානන්වහන්සේට න
මස්කාර නොකරන කාලය පැමි
22. ණෙන්නේය. නුඹලා නොදන්
නා දේට නමස්කාර කරති. ගැලවීම
යුදෙව්වන්ගෙන් වන බැවින්, අපි
දන්නා දේට නමස්කාර කරමුව.
23. නුමුත් සැබෑවූ නමස්කාර කරන්
නෝ ආත්මයෙන්ද සැබෑකමෙන්ද
පියානන්වහන්සේට නමස්කාර කරන
කාලය පැමිණෙන්නේය; දැනුත් පැ
මිණ තිබෙයි; මක්නිසාද, පියානන්
වහන්සේ තමන්වහන්සේට නමස්
කාර කරන පිනිස එබඳුවූවන් සො
24. යනසේක. දෙවියන්වහන්සේ
ආත්මයෙක; උන්වහන්සේට නමස්
කාර කරන්නන් විසින් ආත්මයෙනු
සැබෑකමෙන්ද නමස්කාර කරන්ට
25. යුතුයයි” කීසේක. ස්ත්‍රීද කියන්
නී, “ක්‍රිස්තුස්යයි කියනලද මෙසි
යස් එනසේකැයි දනිමි. උන්වහන්
සේ ආකල සියල්ල අපට දන්වනසේ
26. කැයි” කීවාය. එවිට යේසුස්ව
හන්සේ, “නුඹ සමග කථාකරනනාවූ
27. මම ඔහුමයයි” ඈට කීසේක. එ
විට උන්වහන්සේගේ ගෝලයෝ
ඇවිත්, උන්වහන්සේ ස්ත්‍රිය සමග
කථාකරනවාට පුදුමවූනෝය. නුමුත්,
කුමක් සොයනසේක්ද? නොහොත්
ඈ සමග කථාකරන්නේ මක්නිසා
දැයි? කවුරුවත් ඇසුවේ නැත.
28. එකල ස්ත්‍රී කලය තබා, නුවරට
29. ගොස්, “මා විසින් කල සියල්ල
මට කීවාවූ මනුෂ්‍යයෙකු බලන්නට
වරෙල්ලාය; ඒ ක්‍රිස්තුස් නොවේ
30. දැයි” මනුෂ්‍යයන්ට කීවාය. එවිට
ඔවුන් නුවරින් පිටත්ව උන්වහන්සේ
වෙතට පැමුනුනෝය.
31. ඒ අතර ගෝලයෝ, “ආචාරී
නි, කෑවමැනවයි” උන්වහන්සේට
32. කීවෝය. උන්වහන්සේ, “නුඹලා
නොදන්නා කෑම කන්ට මට ඇ
33. තැයි” ඔවුන්ට කීසේක. එවිට,
“මුන්වහන්සේට කෑම කවුරුවත්

ගෙනෙනාවාදෝ" කියා, ගෝලයෝ ඔවු
34. නොවුන් කථාකරගත්තෝය. යේ
සුස්වහන්සේද "මාගේ කෑමනම්
මා එවූ උන්වහන්සේගේ කැමැත්ත
කොට උන්වහන්සේගේ වැඩ තීන්දු
35. කිරීමය. තව සාර මසකින් ගො
යම් කපන කාලය පැමිණෙන්නේ
යයි තුබලා නොකියද්ද? තුබලාගේ
ඇස් ඔසවා කුඹුරු දිහා බලාපල්
ලාය; ගොයම් දැනටමු කැපීමට පැහී
36. තිබෙන බව පෙනෙන්නේය. වපු
රන්නාත් කපන්නාත් එක්ව සන්
තෝසවෙන පිනිස, කපන්නා කුලී
ලැබ සදාකල් ජීවත්වීමට අස්වැන්න
37. එකතුකරනවා ඇත. මෙසින්
'එකෙක් වපුරන්නේය; අනිකෙක්
කපන්නේය' යන කීම සැබෑය.
38. තුබලා විසින් වැඩ නොකල
ගොයම් කපන්නට තුබලා යැවීමි;
අන්‍යයෝ වැඩකලෝය; තුබලා
ඔවුන්ගේ වැඩේ ඵලප්‍රයෝජන ලැබූ
39. වෝයයි" කීසේක. "මා විසින්
කල සියල්ල මට කිවායයි" සාක්ෂි
දුන් ස්ත්‍රියගේ වචන නිසා, ඒ නුවර
බොහෝ සමාරියයෝ උන්වහන්සේ
40. අදහගත්තෝය. සමාරියයෝ
උන්වහන්සේ ලඟට ඇවිත්, තමන්
සමග සිටින ලෙස ඉල්ලුවෝය. උන්
වහන්සේද දෙදවසක් එහි සිටිසේක.
41. වෙනත් බොහෝ දෙන උන්ව
හන්සේගේම වචන නිසා අදහා,
42. ස්ත්‍රියට කථාකොට, "දැන් තුබේ
වචන නිසා අදහාගන්නේ නැත;
අපිම උන්වහන්සේගෙන් අසා, සැබැ
වට ලෝකයාගේ ගැලවුන්කාරයාවූ
ක්‍රිස්තුස්වහන්සේ මුන්වහන්සේමය
කියා දනිමුයයි" කීවෝය.
43. දෙදවසකට පසු උන්වහන්සේ
එතනින් පිටත්ව, ගලීලයට ගිය
44. සේක. "අනාගතවක්තෘ කෙනෙ
කුට තමන්ගේ දේසයේදී ගෞරව
නැතැයි" යේසුස්වහන්සේම සාක්ෂි
45. දුන්සේක. ගලීලයට උන්ව
හන්සේ පැමිණිකල, යෙරුසලමේ
මංගල්‍ය කාලයේදී උන්වහන්සේ
විසින් කල සියල්ල දුටුවාවූ ගලිල
යෝ උන්වහන්සේ පිලිගත්තෝය.
මක්නිසාද, ඔවුහුත් මංගල්‍යයට
46. පැමිණ සිටියෝය. එකල, යේසුස්
වහන්සේ තමන් විසින් වතුරෙන් මුද්‍රි
කපානය සෑදුවාවූ ගලීලයේ කානා
නුවරට නැවත ගියසේක. කප
ර්ණවුමෙහි රෝගීව සිටියාවූ පුත්‍ර
යෙක් ඇති මූලාදෑනියෙක් සිටියේය.
47. ඔහු යේසුස්වහන්සේ යුදයෙහි
සිට ගලීලයට ආ බව අසා, තමාගේ
පුත්‍රයා මරනාසන්නව සිටි බැවින්
උන්වහන්සේ ලඟට ඇවිත්, "මාගේ
පුත්‍රයාට සුවකරන්ට අවමැනවයි"
48. උන්වහන්සේගෙන් ඉල්ලීය. එවිට
යේසුස්වහන්සේ, "තුබලා ලකුනුද
ආශ්චර්‍යයවල්ද නොදැක අදහගන්
49. නේ නැතැයි" ඔහුට කීසේක. ඒ
මූලාදෑනියා, "ස්වාමිනි, මාගේ පුත්‍රයා
නැසින්ට පලමුවෙන් අවමැනවයි"
50. කීයේය. යේසුස්වහන්සේ, "පලා
යන්න; තුබේ පුත්‍රයා ජීවත්ව සිටින්
නේයයි" ඔහුට කීසේක. ඔහු යේසුස්
වහන්සේ කී වචනය අදහගෙන
51. ගියේය. ඔහු යනකල, ඔහුගේ
වැඩකාරයෝ ඔහු ඉදිරියට ඇවිත්,
"තුබේ පුත්‍රයා ජීවත්ව සිටින්නේ
52. යයි" ඔහුට දැන්වූවෝය. එවිට
ඔහු, "කොයි වේලේ සිට සුවවෙන්ට
පටන්ගත්තේදැයි" ඔවුන්ගෙන් ඇසු
යේය. ඔවුන්ද, "ඊයේ සත්වෙනි
පැයේදී උන බැස්සායයි" ඔහුට
53. කීවෝය. එකල, "තුබේ පුත්‍රයා
ජීවත්ව සිටින්නේයයි" යේසුස්ව
හන්සේ තමහට කිව් පැයමයයි පියා
දැන, ඔහුද ඔහුගේ සියළු ගෙයි වැසි
54. යෝද අදහගත්තෝය. යේසුස්
වහන්සේ යුදයේ සිට ගලීලයට
නැවත ඇවිත් කලාවූ දෙවෙනි ආශ්
චර්‍යය මෙය.

5. පරිච්ඡෙ. එයින් පසු යුදෙව්ව
රුන්ගේ මංගල්‍යයක් විය. යේසුස්ව
හන්සේද යෙරුසලමට ගියසේක.
2. යෙරුසලමෙහි බැටළු දොර ලඟ,
හෙබ්‍රෙව් භාෂාවෙන් බෙතෙස්ද
නම්වූ, මඩු පහක් ඇති පොකුණක්
3. ඇත්තේය. කලින් කලට දේවදූ
තයෙක් පොකුණට බැස, වතුර
කලඹන්නේය. වතුර කැලඹූ පසු
පලමුකොට එහි බැස්ස යමෙකුට යම්
රෝගයක් ඇත්නම්, ඒක සුව වන්
4. නේය. එබැවින්, ඒ මඩුවල අන්ධ
යෝය, කොරුය, වියළි අවයව ඇත්
තෝය, යනාදී බොහෝ රෝගාතුර
යෝ වතුර කැලඹීම පැමිණෙනතුරු
5. බලාසිටියෝය. එහි තිස්අට අවු
රුද්දක් රෝගයෙන් පීඩිතවූ මනුෂ්‍ය
6. යෙක් සිටියේය. යේසුස්වහන්සේ
ඔත්පලව උන් ඔහු දැක, මොහු
බොහෝ කල්ගිය රෝගාතුරයෙකැයි
දැන, "සුව ලබන්ට කැමතිදැයි?"
7. ඔහුගෙන් ඇසූසේක. රෝගියා
උන්වහන්සේට උත්තර දෙමින්,
"ස්වාමිනි, වතුර කැලඹෙන කල,
මා පොකුණට බස්වන්ට මට කවුරු
වත් නැත; ඒ නිසා මම යනකල,
වෙන කෙනෙක් මට පලමුවෙන්
8. බස්නේයයි" කීයේය. යේසුස්ව
හන්සේද, "නැගිට, නුඹේ ඇඳ උසු
ලාගන ඇවිදපන්නැයි" කීසේක.
9. එවලේම ඒ මනුෂ්‍යයා සුවපත්ව,
තමාගේ ඇඳ උසුලාගන ඇවිද්දේය.
10. ඒ දවස සබත් දවසය. එහෙයින්
යුදෙව්වරු, "මේ සබත් දවසය; ඇඳ
උසුලාගන යන්ට හරි නැතැයි" සුව
කරනු ලැබූ මනුෂ්‍යයාට කීවෝය.
11. ඔහු ඔවුන්ට උත්තර දෙමින්,
"මා සුවකල උන්වහන්සේම, 'නුඹේ
ඇඳ උසුලාගන ඇවිදපන්නැයි'
12. මට කීසේකැයි" කීය. එවිට
ඔවුන්, "නුඹේ ඇඳ උසුලාගන ඇවි
දින්ට නුඹට කී මනුෂ්‍යයා කව්දැයි"
13. ඔහුගෙන් ඇසුවෝය. ඒ ස්ථාන
යේ සමූහයක් සිටි බැවින්, යේසුස්ව
හන්සේ පහව ගියසේක. එහෙයින්
සුවකරනු ලැබූ මිනිහා උන්වහන්සේ
කවුද කියා දැනගත්තේ නැත
14. ඉන්පසු යේසුස්වහන්සේ දේවමා
ලිගාවේදී ඔහුදැක, "බලාපන, නුඹ
සුව ලැබුයේය; නුඹට වැඩි නරකක්
නොපැමිණෙන පිනිස, මතු පව් නො
15. කරන්නැයි" ඔහුට කීසේක. ඒ ම
නුෂ්‍යයා ගොස්, තමාට සුවකලේ
යේසුස්වහන්සේයැයි යුදෙව්වරුන්ට
16. දැන්වූවේය. යේසුස්වහන්සේ මේ
දේ සබත් දවසේ කල බැවින්, යුදෙව්
වරු උන්වහන්සේට පීඩාකොට
උන්වහන්සේ මරන්ට සෙව්වෝය.
17. එවිට යේසුස්වහන්සේ ඔවුන්
ට උත්තර දෙමින්, "මාගේ පියාන
න්වහන්සේ මෙතැන් දක්වාම ක්‍රියා
කරනසේක; මමත් ක්‍රියා කෙරෙමියි"
18. කීසේක. එහෙයින් උන්වහන්සේ
සබත් කඩකලා පමනක්නොව,
දෙවියන්වහන්සේ තමන්ගේම පියා
නෝයයි කියමින් තමන් දෙවියන්
වහන්සේ සමාන කරගත් බැවින්,
යුදෙව්වරු උන්වහන්සේ මරන්ට වඩ
19. වඩා සෙව්වෝය. එකල යේසුස්
වහන්සේ උත්තර දෙමින්, "සැබ
වක් සැබවක් නුඹලාට කියමි, පියා
නන්වහන්සේ යමක් කරනසේකැයි
පුත්‍රයා දක්නේද? ඒ දේ හැර තනි
යම මොනවත් කරන්නට බැරිය.
පියානන්වහන්සේ කරන දේ පුත්‍ර
20. යාත් එසේම කරන්නේය. තවද,
පියානන්වහන්සේ පුත්‍රයා කෙරෙහි
සෙන්හව, තමන්වහන්සේ කරනනාවූ
සියල්ල ඔහුට පෙන්වනසේක. නුඹලා
පුදුමවෙන ලෙස, මීට වඩා මහත්
ක්‍රියාවන් ඔහුට පෙන්වනසේක.
21. මක්නිසාද, පියානන්වහන්සේ
මලවුන් නැගුටුවා ජීවත්කරන ලෙ
සම, පුත්‍රයා තමන් කැමතිවූවන්
22. ජීවත්කරන්නේය. තවද, සියළු
මනුෂ්‍යයෝම පියානන්වහන්සේට

ගෞරව කරන්නාක්මෙන්ම පුත්‍රයා
ටත් ගෞරව කරන පිණිස, පියානන්
වහන්සේ කවරෙක්වත් විනිශ්චය
නොකොට, සියළු විනිශ්චයම පුත්‍ර
22. යාට බාරදුන්සේක. පුත්‍රයාට
ගෞරව නොකරන්නා ඔහු එවූ පියා
නන්වහන්සේටද ගෞරව නොක
23. රන්නේය. සැබවක් සැබවක්
තුබලාට කියමි, මාගේ වචනය අසා
මා එවූ උන්වහන්සේ අදහන්නාට
සදාකාල ජීවනය ඇත. ඔහු වර
24. දට පත්නොව, මරණින් ජීවනයට
පැමිණියේය. සැබවක් සැබවක්
තුබලාට කියමි, දෙවියන්වහන්සේ
ගේ පුත්‍රයාගේ ශබ්දය මලවුන්ට
ඇසෙන පැය පැමිණෙන්නේය;
දැනුත් පැමින තිබේ; අසන්නෝද
25. ජීවත්වෙනවා ඇත. මක්නිසාද,
පියානන්වහන්සේ තමන්වහන්සේ
තුලෙහි ජීවනය බරන්නාසේම, පුත්‍ර
යාටත් තමන් තුලෙහි ජීවනය
26. බරන්ට දුන්සේක. ඔහු මනුෂ්‍ය
27. පුත්‍ර බැවින්, විනිශ්චයකරන්ටද
බලය දුන්සේක. මේ කාරනයට
28. පුදුමවෙන්නට එපාය. මක්නිසාද,
මිනීවලවල්හි සිටින සියල්ලෝ ඔහු
ගේ ශබ්දය අසන කාලය පැමිණෙන්
නේය. එවිට යහපත්කම් කලාහු
29. ජීවනයෙහි නැවත නැගිටීමටද, අය
හපත්කම් කලාහු දඬුවමෙහි නැවත
නැගිටීමටද, පිටත්ව එනවා ඇත.
මා එවූ මාගේ පියානන්වහන්
30. සේගේ කැමැත්ත මිස, මාගේ කැමැ
ත්ත කරන්ට නොසොයන බැවින්,
තනියම මොකවත් කරන්ට මට නුපු
ළුවන; මම අසන ලෙසම විනිශ්චය
කෙරෙමි; මාගේ විනිශ්චයද සාධාර
ණය.

31. "මම තනියම මා ගැනම
සාක්ෂි දුනිමිනම්, මාගේ සාක්ෂිය පිළි
32. ගන්ට සුදුසු නැත. මා ගැන සාක්ෂි
දෙන්නාවූ අනිකෙක් ඇත්තේය.
ඔහු විසින් මා ගැන දෙන සාක්ෂිය
33. පිළිගන්ට සුදුසු බව දනිමි. තුබ
ලා යොහන් ලඟට මනුෂ්‍යයන් යැවූ
වෝය; ඔහුද සැබෑකමට සාක්ෂි දුන්
34. නේය. මට මනුෂ්‍ය සාක්ෂිය කමක්
නැත; නුමුත් තුබලාගේ ගැලවීම
35. පිණිස මෙසේ කියමි. ඔහු ඇවිලෙ
නනාවූ දිලිහෙන්නාවූ පහනක්ව සිටි
යේය. තුබලා ඔහුගේ එලියට ස්වල්ප
කලක් සන්තෝසවෙන්නට කැමති
36. වූවෝය. නුමුත් යොහන්ගේ
සාක්ෂියට වඩා මහත්වූ සාක්ෂියක්
මට ඇත්තේය. එනම්, යම් ක්‍රියාවක්
නිත්දුකරන්ට පියානන්වහන්සේ මට
නියමකලසේක්ද; මම කරන ඒ
ක්‍රියාවම පියානන්වහන්සේ මා එවූ
37. බවට සාක්ෂි දෙන්නේය. මා එවූ
පියානන්වහන්සේම මා ගැන සාක්ෂි
දුන්සේක. තුබලා කවදාවත් උන්ව
හන්සේගේ ශබ්දය ඇසුවේවත්,
උන්වහන්සේගේ රූපය දුටුවේවත්
38. නැත. උන්වහන්සේ විසින් එව
නලද තැනැත්තේ තුබලා අදහ
නොගත් බැවින්, උන්වහන්සේගේ
වචනය තුබලාගේ හිතේ පවතින්
39. නේ නැත. තුබලියවිලි සොයා
පල්ලාය; මක්නිසාද, එහි තුබලාට
සදාකල් ජීවත්වීම ඇතැයි තුබලා
සිතති. ඒවා මා ගැන සාක්ෂි දෙ
40. ති. නුමුත් තුබලා ජීවනය
ලබන පිණිස, මා ලඟට එන්නට
41. කැමති නැත. මනුෂ්‍යයන්ගෙන්
42. ගෞරව නොලබමි. නුමුත් තුබ
ලා හඳුනමි; තුබලා තුලෙහි දෙවි
යන්වහන්සේ කෙරෙහි ප්‍රේමය
43. නැත්තේය. මම මාගේ පියා
නන්වහන්සේගේ නාමයෙන් ආයෙ
මි; නුමුත් තුබලා මා පිළිගන්නේ
නැත. වෙන කෙනෙක් තමාගේම
නාමයෙන් එනෙත්නම්, තුබලා ඔහු
44. පිළිගන්නවා ඇත. දෙවියන්ව
හන්සේ කෙරෙන් පමනක් පැමි
නෙන ගෞරවය නොසොයා, ඔවූ
නොවුන්ගෙන් ගෞරව සොයන්

නාවූ තුබලාට අදහගන්ට පුළුවන්
45. කොහොමද? පියානන්වහන්
සේගේ ඉදිරියෙහි මම තුබලාට
වැරදි තබන්නෙමියි නොසිතල්ලාය.
තුබලාට වැරදි තබන්නේ, තුබලා
46. විශ්වාසකරන මෝසෙස්මය. තව
ද, මෝසෙස් මා ගැන ලිව් නිසා,
තුබලා ඔහු අදහාගන්නවානම්
47. මාත් අදහගනිති. තුමුත් ඔහු
ගේ ලියවිලි අදහනොගන්නවානම්,
මාගේ වචන අදහන්නේ කොහො
මදැයි" කීසේක.

6. පරිච්ඡ. ඉන්පසු, ජේසුස්ව
හන්සේ ගලිලයේ තිබේරියස්නම්වූ
2. මුදෙන් එගොඩට ගියසේක. ම
හත් සමූහයාද උන්වහන්සේ පස්සේ
ගියෝය. මක්නිසාද, රෝගාතුරයන්
කෙරෙහි උන්වහන්සේ විසින් කල
3. ආශ්චර්‍ය්‍යවල් ඔවුන් දුටුවෝය. ජේ
සුස්වහන්සේ කන්දකට නැගී, තමන්
ගෝලයන් සමග වැඩඋන්සේක.
4. එකල යුදෙව්වරුන්ගේ පාස්කු
5. මංගල්‍යය කිට්ටුවිය. ජේසුස්වහන්
සේ ඉදිරිය බලා, තමන් ලඟට බො
හෝ සමූහයෝ එනවා දැක, "මො
වුන්ට කන්නට කෑම අපි කොත
නින් මිලේට ගනිමුදැයි" පිලිප්ට
6. කීසේක. තමන්වහන්සේ විසින්
කටයුතු කිමෙක්දැයි තමන්ම දන්න
තුමුත්, ඔහු පරීක්ෂාකරන්ට මෙසේ
7. කීසේක. පිලිප් උන්වහන්සේට
උත්තර දෙමින්, "ඔවුන්ගෙන් එක
එකාට ටික ටික දෙන්නට මසු දෙසි
යයක රොටිත් මදියයි" කීයේය.
8. උන්වහන්සේගේ ගෝලයන්ගෙන්
එකෙක්වූ සීමොන් පේත්‍රුස්ගේ
9. සහෝදරවූ අන්ද්‍රෑ කියනුයේ, "යව
රොටි පසක්ද කුඩා මසුන් දෙන්
නෙක්ද ඇත්තාවූ තරුණයෙක් මෙහි
ඇත. තුමුත් මෙපමන දෙනෙකුට
ඒවා කුමටදැයි" උන්වහන්සේට කීය.
10. ජේසුස්වහන්සේ, "මනුෂ්‍යයන්
වාඩිකරවාපල්ලායයි" කීසේක. එත
න තනකොල බොහෝය. එවිට
ගනන් වසයෙන් පන්දහසක් පමනවූ
11. මනුෂ්‍යයෝ වාඩිවූනෝය. එකල
ජේසුස්වහන්සේ රොටි අරගෙන,
ස්තූතිකොට, ගෝලයන්ට බෙදදුන්
සේක. ගෝලයෝද ඉඳගත්තවුන්ට
බෙදදුනෝය. එසේම මසුන්ගෙනුද
ඔවුන්ට කැමති පමන දුන්නෝය.
12. ඔවුන් තෘප්තියට පැමිනිකල්හි,
"කිසිවක් නැතිනොවෙන පිනිස,
ඉතුරුවූන කෑබලි එකතුකරපල්ලා
යයි" තමන් ගෝලයන්ට කීසේක.
13. එවිට ඔවුන් එකතුකොට, මිනි
සුන් කාලා ඉතුරුවූන යව රොටි පසේ
කෑබලිවලින් පෙට්ටි දොලහක් පුර
වාගත්තෝය.

14. ජේසුස්වහන්සේ විසින් කල
ආශ්චර්‍ය්‍යය ඒ මනුෂ්‍යයෝ දැක,
"සැබෑවටම මුන්වහන්සේ ලෝකයට
එන්නාවූ අනාගතවක්තෘමයයි" කී
15. වෝය. එකල ඔවුන් ඇවිත් ත
මන් රජකමට තබාගන්නා පිනිස බ
ලාත්කාරයෙන් අල්වාගනිතියි ජේසු
ස්වහන්සේ, දැන, තනියම නැවත
16. කන්දට ගියසේක. සවස්වූකල
උන්වහන්සේගේ ගෝලයෝ වෙර
17. ලට බැස්, නැවට නැගී, මුදෙන්
කපර්ණවුමට යන පිනිස ගියෝය.
එවිට අන්ධකාරවිය. ජේසුස්වහන්සේ
18. ඔවුන් ලඟට ආවේ නැත. තද
සුලඟක් ගැසූ බැවින්, මුද කැලඹු
19. නේය. ගව්වක් පමන දුර පැද
ගන ගියාවූ ඔවුන්, මුද පිට ඇවිදි
මින් නැව ලඟට එන්නාවූ ජේසුස්ව
20. හන්සේ දැක, භයවූවෝය. උන්
වහන්සේද "මමය; භයනොවෙල්
21. ලායයි" ඔවුන්ට කීසේක. එවිට
ඔවුන් උන්වහන්සේ සන්තෝසයෙන්
නැවට ගත්තෝය. එවලේම නැව
ඔවුන් විසින් යන්ට ගිය ඉඩමට පැමි
නුනේය.

22. පසුවදා, වෙරළේ සිටියාවූ සමූ
හයෝ උන්වහන්සේගේ ගෝලයන්
නැංගාවූ නැව මිස එහි වෙන කිසි
නැවක් නැති බවත්, යේසුස්වහන
සේ තමන් ගෝලයන් සමග ඒ
නැවට නොනැංගු බවත්, උන්වහන
සේගේ ගෝලයන් පමනක් ගිය
23. බවත්, දැනගත්තෝය. නුමුත
ස්වාමින්වහන්සේ ස්තුතිකොට යම්
තැනකදී සමූහයාට රොටි දුන්සේක්
ද; ඊට නුදුරුවූ තිබේරියස්හි සිට
24. වෙන නැව් ආවෝය. එසේහෙ
යින් සමූහයෝ යේසුස්වහන්සේවත්
උන්වහන්සේගේ ගෝලයෝවත් එ
නැතැයි දැන, නැව්වලට නැගී, යේ
සුස්වහන්සේ සොයමින් කපර්ණවූ
25. මට ගියෝය. ඔවුන් මුහුදෙන්
එගොඩව සිටි උන්වහන්සේ දැක,
"රබ්බී, ඔබවහන්සේ කොයි වේලේ
මෙතනට ආසේක්දැයි" ඇසුවෝය.
26. යේසුස්වහන්සේ උත්තර දෙමින්,
"සැබවක් සැබවක් තුඹලාට කියමි;
තුඹලා විසින් ආශ්චර්යවල් දුටු බැ
වින් නොව, රොටි කා තෘප්තියට පැ
මිනි බැවින් තුඹලා මා සොයති.
27. විනාසවෙන්නාවූ කෑම පිනිස
වැඩනොකොට, පියවූ දෙවියන්ව
හන්සේ විසින් මුද්‍රකල මනුෂ්‍ය පුත්‍රයා
තුඹලාට දෙන්නාවූ, සදාකාල ජීවත්
වීම පිනිස පවතින කෑමට වැයම්
28. කරපල්ලායයි" කීසේක. එවිට
ඔවුන්, "දෙවියන්වහන්සේගේ වැඩ
කරන පිනිස අප විසින් කුමක් ක
රමුදැයි" උන්වහන්සේගෙන් ඇසු
29. වෝය. යේසුස්වහන්සේ උත්තර
දෙමින්, "දෙවියන්වහන්සේගේ වැඩ
නම්, උන්වහන්සේ එවූ තැනැත්තා
තුඹලා විසින් අදහගැන්මයයි" ඔ
30. වුන්ට කීසේක. එවිට ඔවුන්,
"එසේවීනම්, අප විසින් දැක ඔබව
හන්සේ අදහගන්නා පිනිස, මොන
ලකුනක් අපට පෙන්වනසේක්ද?
ඔබවහන්සේ කරන්නේ මොකද?
31. 'ඔහු ස්වර්ගයෙන් ඔවුන්ට කන
පිනිස කෑම දුන්නේයයි' ලියා තිබෙ
න ලෙස, අපේ පියවරු වනාන්තර
යේදී මන්නා කෑවෝයයි" උන්වහන්
32. සේට කීවෝය. එකල යේසුස්
වහන්සේ ඔවුන්ට කියනසේක්,
"සැබවක් සැබවක් තුඹලාට කියමි,
මෝසෙස් ස්වර්ගයෙන් කෑම තුඹ
ලාට දුන්නේ නැත. මාගේ පියානන්
වහන්සේ ස්වර්ගයෙන් සැබෑවූ කෑම
33. තුඹලාට දෙනසේක. දෙවියන්
වහන්සේ දෙන කෑමනම්, ස්වර්ග
යෙන් බැස ලෝකයාට ජීවනය
34. දෙන කෑමයයි" කීසේක. එවිට
ඔවුන්, "ස්වාමිනි, ඒ කෑම නිතරම
35. අපට දුනමැනවයි" කීවෝය. යේ
සුස්වහන්සේ ඔවුන්ට කියනසේක්,
"ජීවන දායක කෑවනම් මමය; මා
ලඟට එන්නාට කිසි කලෙකත් බඩ
ගිනි වෙන්නේ නැත. මා අදහන්
නාට කිසි කලෙකත් පිපාස වෙන්
36. නේ නැත. මම තුඹලාට කී
ලෙසම, තුඹලා මා දැකත් අදහන්
37. නේ නැත. පියානන්වහන්සේ
මට දෙන සියල්ලෝ මා ලඟට එනවා
ඇත. මා ලඟට එන තැනැත්තා
ඒකාන්තයෙන්ම අහක නොදමමි.
38. මක්නිසාද, මා එවූ තැනන්වහන්
සේගේ කැමැත්ත මිස, මාගේ කැමැ
ත්ත කරන්ට ස්වර්ගයෙන් නොබැස්
39. සෙමි. මා එවූ පියානන්වහන්
සේගේ කැමැත්තනම්, උන්වහන්සේ
මට දුන් සියල්ලන්ගෙන් කිසිවෙක්
නැතිනොකොට, අන්තිම දවසේදී
40. ඔවුන් නැගිටවීමය. මා එවූ තැ
නන්වහන්සේගේ කැමැත්තනම්,
පුත්‍රයා දැක ඔහු කෙරෙහි අදහන්
නාවූ සියල්ලන්ට සදාකාල ජීවනය
ලැබීමත්, අන්තිම දවසේදී මා විසින්
ඔවුන් නැගිටවීමත්යයි" කීසේක.
41. එවිට "ස්වර්ගයෙන් බැස්සාවූ
කෑමනම් මමයයි" උන්වහන්සේ කී
බැවින්, යුදෙව්වරු උන්වහන්සේ

42. ගැන කොඳුරමින්, "මොහු යෝ
සැප්ගේ පුත්‍රවූ යේසුස් නොවේද?
මොහුගේ මව්පියන් අපි නාඳුනමුද?
එසේවීනම්, 'මම ස්වර්ගයෙන් බැස
සෙමියි' මොහු කියන්නේ කොහො
43. මදැයි" කීවෝය. එකල යේසුස්
වහන්සේ ඔවුන්ට උත්තර දෙමින්
කියනසේක්, "නුඹලා අතරෙහි
44. කොඳුරන්ට එපාය. මා එවූ පියා
ණන්වහන්සේ විසින් මා ලඟට පමුනු
වන්නාවූ කෙනෙකුට මිස, වෙන
කාටවත් මා ලඟට පැමිණෙන්නට
බැරිය. මම අන්තිම දවසේදී ඔහු
45. නැගුටුවමි. 'සියල්ලෝම දෙවිය
ණ්වහන්සේ විසින් උගන්වනු ලබතියි'
අනාගතවක්තෘන්ගේ ලියවිලිවල ලි
යාතිබෙයි. එසේහෙයින් පියාණන්ව
හන්සේගෙන් අසා උගත් සියල්
ලෝම මා ලඟට එනවා ඇත.
46. එසේ නුමුත්, දෙවියණ්වහන්සේ
කෙරෙන් ආ තැනැත්තා මිස, කවුරු
වත් පියාණ්වහන්සේ දුටුවේ නැත.
ඔහුම පියාණන්වහන්සේ දුටුයේය.
47. සැබවක් සැබවක් නුඹලාට
කියමි, මා අදහනනාට සදාකාල ජීව
48. නය ඇත. ජීවනදායක කෑම
49. මමය. නුඹලාගේ පියවරු වනාන්
තරයේදී මන්නා කෑ නුමුත් නැසු
50. ණෝය. මෙයින් කන කවුරු
නුමුත් නොනසින පිණිස, ස්වර්ග
51. යෙන් බැස්සාවූ කෑම මේය. ස්ව
ර්ගයෙන් බැස්සාවූ ජීවනදායක කෑම
මමය; කවුරු නුමුත් මේ කෑම කෑ
වොත් සදාකල් ජීවත්වනෝය. ලෝ
කයාගේ ජීවත්වීම පිණිස මම දෙන්
නාවූ කෑමනම්, මාගේ මාංශයයි" කී
52. සේක. එවිට යුදෙව්වරු ඔවුනො
වුන් අතරේ වාදකරමින්, "අපට කෑ
මට තමන්ගේ මාංශ දෙන්නට මො
හුට පුළුවන් කොහොමදැයි" කී
53. වෝය. ඒ නිසා යේසුස්වහන්සේ
ඔවුන්ට කියනසේක්, "සැබවක් සැබ
වක් නුඹලාට කියමි, නුඹලා මනුෂ්‍ය
පුත්‍රයාගේ මාංශ නොකනවානම්,
ඔහුගේ ලේ නොබොනවානම්,
නුඹලා තුලෙහි ජීවනය ඇත්තේ
54. නැත. මාගේ මාංශ කන්නාවූ
මාගේ ලේ බොන්නාවූ තැනැත්තාට
සදාකාල ජීවනය ඇත. අන්තිම දව
55. සේදී මම ඔහු නැගුටුවමි. මක්නි
සාද, මාගේ මාංශය සැබෑවූ කෑමත්,
56. මාගේ ලේ සැබෑවූ බීමත්ය. මා
ගේ මාංශ කන්නාවූ මාගේ ලේ
බොන්නාවූ තැනැත්තේ මා ඇතු
ලෙහි වසයි; මමද ඔහු ඇතුලෙහි
57. වසමි. ජීවමානවූ පියාණන්ව
හන්සේ මා එවූවාක්මෙන්ද, මමත්
පියාණන්වහන්සේ නිසා ජීවත්වන්
නාක්මෙන්ද, මා කන තැනැත්තේම
58. මා නිසා ජීවත්වෙනවා ඇත. ස්ව
ර්ගයෙන් බැස්සාවූ කෑම මේය. මේක
නුඹලාගේ පියවරු කෑ මන්නා වාගේ
නොවේය. ඔවුන් එයින් කෑ නුමුත්
නැසුනෝය. යමෙක් මේ කෑම
කෑවොත්, ඔහු සදාකල් ජීවත්වෙ
59. නවා ඇතැයි" කීසේක. උන්
වහන්සේ කපර්ණවුමේ සිනගෝ
ගයේ උගන්වද්දී මේ කාරනා කීසේක.

60. උන්වහන්සේගේ ගෝලයන්
ගෙන් බොහෝදෙන ඒ අසා, "මේ
කීම අප්‍රසන්නය; මේක පිළිගන්ට
61. කාට පුළුවන්දැයි" කීවෝය. ගෝ
ලයෝ ඒ ගැන කොඳුරනවා යේසුස්
වහන්සේ තමන් සිතින් දැන, ඔවුන්ට
කියනසේක්, "මේක නුඹලාට බාධා
62. වක්ද? මනුෂ්‍ය පුත්‍රයා පෙර විසූ
තැනට නගිනවා නුඹලා දකිනවා
63. නම් කෙසේද? ජීවත්කරන්නේ
ආත්මයය. මාංශයෙන් කිසි ප්‍රයෝජ
නයක් නැත. මම නුඹලාට කියන
වචනම් ආත්මයද ජීවනයද වෙයි.
64. නුමුත් නුඹලා අතරෙන් සමහ
රෙක් අදහනෙනෝ නැතැයි" කීසේක.
යේසුස්වහන්සේ මෙසේ කීවේ, නො
අදහනෙනෝ කවුරුද, තමන්වහන්සේ
පාවාදෙන තැනැත්තා කවුදැයි, මුල

65. පටන් දැනගත් නිසාය. තවද
උන්වහන්සේ කියනසේක්, “එහෙ
යින් මාගේ පියානන්වහන්සේ විසින්
බලය දුන් කෙනෙකුට මිස, කාටවත්
මා ලඟට එනනට බැරි බව නුඹලාට
66. කීමියි” කීසේක. එතැන් පටන්
උන්වහන්සේගේ ගෝලයන්ගෙන්
බොහෝ දෙනෙක් උන්වහන්සේ
සමග නොහැසිර අහක්ව ගියෝය.
67. එකල යේසුස්වහන්සේ, “නුඹ
ලාත් අහක්ව යන්ට කැමතිදැයි”
දෙලොස් දෙනාගෙන් ඇසූසේක.
68. එවිට සීමොන් පේතෘස් උන්වහන්
සේට උත්තර දෙමින්, “ස්වාමිනි, අපි
කවුරු ලඟට යමුද? සදාකල් ජීවනය
දෙන වචන ඔබවහන්සේට ඇත්
69. තේය. ඔබවහන්සේ ජීවමාන
දෙවියන්වහන්සේගේ පුත්‍රවූ ක්‍රිස්තුස්
යයි, අපි දැනගෙන අදහමුයයි” කී
70. යේය. යේසුස්වහන්සේ ඔවුන්ට
උත්තර දෙමින්, “මම නුඹලා දෙ
ලොස්දෙන තෝරා නොගතිම්ද?
නුමුත් නුඹලාගෙන් එකෙක් මට විරු
71. ඬකාරයයි” කීසේක. සීමොන්
ගේ පුත්‍රවූ යූදස් ඉස්කාරියොත් ගැන
මෙසේ කීසේක. මක්නිසාද, දොලස
ගෙන් එකෙක්වූ ඔහු උන්වහන්සේ
පාවාදෙන තැනැත්තාය.

7. පරිචෙඡ. ඉන්පසු යුදෙව්වරු
යේසුස්වහන්සේ මරන්ට සෙවූ බැ
වින්, උන්වහන්සේ යුදයෙහි හැසි
රෙන්ට නොකැමැතිව, ගලීලයෙහි
හැසුරුනුසේක.
2. යුදෙව්වරුන්ගේ කූඩාරම් නම්
3. වූ මංගල්‍යය ලන්විය. එවිට උන්
වහන්සේගේ සහෝදරයෝ කිය
නෙනෝ, “නුඹ කරන ක්‍රියාවල් නු
ඹේ ගෝලයොත් දකින පිනිස,
මෙයින් පිටත්ව යුදයට ගිය මැන
4. ව. මක්නිසාද, ප්‍රසිඬවෙන්නට
සොයන්නාවූ තැනැත්තේ කිසි දෙ
යක් රහසින් කරන්නේ නැත. එබැ
වින් නුඹ මේ දේ කරනවා නම්,
ලෝකයාට තමන් දක්වුව මැන
5. වයි” කීවෝය. මක්නිසාද, උන්
වහන්සේගේ සහෝදරයෝ පවා
උන්වහන්සේ අදහගත්තේ නැත.
6. එවිට යේසුස්වහන්සේ ඔවුන්ට
කියනසේක්, “මාගේ කාලය තවම
පැමුනුනේ නැත. නුඹලාගේ කාලය
7. නිතරම පැමිනී තිබෙයි. නුඹලාට
වෛර වෙන්නට ලෝකයාට බැරිය.
නුමුත් ඔවුන්ගේ ක්‍රියාවල් නපුරු
බවට මම සාක්ෂි දෙන බැවින්, මට
8. වෛරවෙති. ඒ මංගල්‍යයට නුඹලා
පලයල්ලාය; මාගේ කාලය තවම සම්
පූර්ණනුවූ හෙයින්, ඒ මංගල්‍යයට
9. දැන්ම නොයමියි” කීසේක. උන්
වහන්සේ මෙසේ ඔවුන්ට කියා, ගලී
10. ලයෙහි සිටිසේක. තවද තමන්
ගේ සහෝදරයෝ ගිය කල, උන්ව
හන්සේද අප්‍රසිඬව රහස් වසයෙන්
මංගල්‍යයට ගියසේක.
11. යුදෙව්වරු මංගල්‍යයෙහිදී උන්
වහන්සේ සොයමින්, “ඔහු කො
12. තැන්හිදැයි” ඇසුවෝය. සමූහ
යන් අතරෙහි උන්වහන්සේ ගැන
මහත් කෙඳිරීමක් විය. සමහරෙක්,
“ඔහු සත්පුරුෂයෙකැයි” කීවෝය.
සමහරෙක්, “නැත; ඔහු සමූහයා
13. රවටන්නේයයි” කීවෝය. නුමුත්
යුදෙව්වරුන්ට භය නිසා, කවුරුවත්
උන්වහන්සේ ගැන ප්‍රසිඬයෙන් කථා
14. කලේ නැත. මංගල්‍යය මැදදී
යේසුස්වහන්සේ දේවමාලිගාවට
15. ගොස් ඉගැන්වූසේක. එවිට
යුදෙව්වරු පුදුමව, “කවදාවත් නූග
තාවූ මූන්වහන්සේ පඬිතයෙක්ව
සිටිනෙන කොහොමදැයි” කීවෝය.
16. යේසුස්වහන්සේ ඔවුන්ට උත්
තර දෙමින්, “මාගේ ඉගැන්වීම මා
එවූ උන්වහන්සේගේ මිස, මාගේ
17. නොවේය. යමෙක් උන්වහන්
සේගේ කැමැත්ත කරන්නට කැම
තිනම්, ඔහු ඒ ඉගැන්වීම දෙවියන්

වහන්සේගෙන්වූ ඉගැන්වීමක්ද,
නොහොත් මාගේ සිතින් උපදවා
18. කියන දේදැයි දැනගනිති. තමා
ගේ සිතෙන් උපදවන දේ කියනනා
තමාගේම ගෞරවය සොයයි; නුමුත්
තමන් එවූ තැනන්වහන්සේගේ
ගෞරවය සොයන්නා සැබෑවූ කෙ
නෙක; ඔහු කෙරෙහි වමාවක් නැත.
19. මෝසෙස් නුබලාට වැවස්ථාව
දුන්නේ නැද්ද? නුමුත් නුබලාගෙන්
කවුරුවත් ව්‍යවස්ථාව රක්ෂාකරන්
නේ නැත. මා මරන්නට සොයන්
20. නේ මක්නිසාදැයි" කීසේක. ස
මූහයෝ උත්තර දෙමින්, "නුබට
යක්ෂයෙක් ආවේසව ඇත; නුබ
මරන්ට සොයන්නේ කවුදැයි"
21. කීවෝය. යේසුස්වහන්සේ උත්
තර දෙමින්, "එක් ක්‍රියාවක් කෙ
ලෙමි; එයට නුබලා සියල්ලෝ පුදුම
22. වෙති. මෝසෙස් චර්මච්ඡේදනය
නුබලාට දුන්නේය; එත් මෝසෙස්
ගෙන් නොව පියවරුන්ගෙන් වූනේ
ය. නුබලාද සබත් දවසේදී මනුෂ්‍ය
23. යෙකු චර්මච්ඡේදනය කරති. මෝ
සෙස්ගේ ව්‍යවස්ථාව අවලංගු නොක
රන පිනිස, මනුෂ්‍යයෙක් සබත් දව
සේදී චර්මච්ඡේදනය ලබනවානම්,
මම සබත් දවසේදී මනුෂ්‍යයෙක්
සම්පූර්ණයෙන් සුවකලාට නුබලා
24. මා කෙරේ කුමට කිපෙද්ද?
ධාර්මික විනිශ්චයෙන් මිස, නිකම්
පෙනෙන හැටියට විනිශ්චය නොක
25. රල්ලායයි" කීසේක. එවිට යෙ
රුසලම් වාසීන්ගෙන් සමහරු කියන්
නෝ, "ඔවුන් විසින් මරන්නට සො
26. යන්නේ මොහු නොවේද? මො
හු භයක් නැතුව කථාකරන්නේය;
ඔවුන්ද මොහුට කිසි දෙයක් කියන්
නේ නැත. ඔවුන් මොහු ක්‍රිස්තුස්ම
27. යයි සැබෑවටම දන්නෝද? මො
හු කොතැනින් ආයේදැයි දනිමුව.
නුමුත් ක්‍රිස්තුස්වහන්සේ එනකල,
උන්වහන්සේ කොතැනින් එනසේක්

දැයි කවුරුවත් නොදන්නේයයි"
28. කීවෝය. ඒ නිසා, දේවමාලිගා
වේ උගන්වමින් සිටියාවූ යේසුස්ව
හන්සේ ශබ්ද පවත්වමින්, "නුබලා
මා කවුද කියාත්, කොතැනින් ආවාද
කියාත් දනිති. මාගේම කැමැත්
තෙන් නායෙමි; නුමුත් මා එවූ උන්
වහන්සේ සැබෑ කෙනෙක. නුබලා
උන්වහන්සේ අඳුනන්නේ නැත.
29. මම උන්වහන්සේ කෙරෙන් ආ
බැවින්ද, උන්වහන්සේ විසින් මා
එවූ බැවින්ද, උන්වහන්සේ අඳුන
30. මියි" කීසේක. එවිට ඔවුන් උන්
වහන්සේ අල්ලන්ට සෙව්වෝය.
නුමුත් උන්වහන්සේගේ කාලය ඒ
වෙනතුරුම නොපැමුනුන බැවින්,
කවුරුවත් උන්වහන්සේ ඇල්ලුවේ
31. නැත. සමූහයාගෙන් බොහෝ
දෙන උන්වහන්සේ අදහගෙන,
"ක්‍රිස්තුස්වහන්සේ ආකල, මූන්ව
හන්සේ විසින් කල ආශ්චර්යවලට
වඩා උන්වහන්සේ කරනසේක්දැයි"
කීවෝය.

32. සමූහයෝ උන්වහන්සේ ගැන
මෙයාකාර කොඳුරතියි ඵරිසිවරු ඇසූ
වෝය. ඔවුන්ද, නායකපූජකයෝද,
උන්වහන්සේ අල්ලන්ට සේවකයන්
33. යැව්වෝය. එවිට යේසුස්වහන්
සේ ඔවුන්ට කියනසේක්, "ස්වල්ප
වේලාවක් මම නුබලා සමග සිටිමි;
ඉන්පසු මා එවූ උන්වහන්සේ ලඟට
34. යමි; නුබලා මා සොයති; නුමුත්
නුබලාට සම්භ නොවෙමි. මම සිටින
තැනට එන්නට නුබලාට නුපුළුව
35. නැයි" කීසේක. ඒ නිසා යුදෙව්
වරු ඔවුනොවුන් කථාකරමින්,
"ඔහු අපට සම්භනොවෙන්ට කො
තනට යන්නේද? ග්‍රීකයන් කෙරෙන්
විසිරී ගියවුන් ලඟට ගොස්, ග්‍රීකයන්
36. ට උගන්වන්නේද? 'නුබලා මා
සොයති; නුමුත් නුබලාට සම්භනො
වෙමි; මම සිටින තැනට එන්නට
නුබලාට නුපුළුවනැයි' ඔහු විසින්

කී කාරනාව මොකදැයි ” කීවෝය.
37. මංගල්‍යයේ අන්තිම මහත් දව
සෙහි ජේසුසවහන්සේ වැඩසිට ශබ්ද
පවත්වමින්, “යමෙකුට පිපාස ඇද්ද;
38. ඔහු මා ලඟට ඇවිත් බිවාවේ. ය
මෙක් මා අදහන්නේද; සුබ ලිය
විල්ලෙහි කියා තිබෙන හැටියට,
ජීවන දියක වතුර ඇති ගංගා
ඔහු කෙරෙන් ගලනවා ඇතැයි”
39. කීසේක. මේ උන්වහන්සේ අද
හනවුන්ට ලැබෙනනට තිබෙන ආත්
මය ගැන උන්වහන්සේ කීසේක.
මක්නිසාද, ජේසුසවහන්සේ ඒතාක්
කල්ම තේජසට නොපැමිනි බැවින්,
ඒතාක්කල්ම සුබාත්මය නොදෙන
40. ලද්දේය. සමූහයාගෙන් බොහෝ
දෙන මේ වචනය අසා, “සැබැවටම
මූනවහන්සේ අනාගතවක්තෘවයයි”
41. කීවෝය. සමහරු, “මූනවහන්සේ
42. ක්‍රිස්තුස්යයි” කීවෝය. සමහරු,
“ක්‍රිසතුස් ගලිලයෙන් එනවා ඇද්ද?
ක්‍රිසතුස් දවිත්ගේ වංශයෙන්ද, දවිත්
විසූ බැත්ලෙහෙම් නුවරින්ද එනවා
ඇතැයි සුබලියවිල්ලෙහි කියාතිබෙ
43. නවා නොවේදැයි” කීවෝය. මෙ
සේ උනවහන්සේ ගැන සමූහයා අත
44. රෙහි භේදයක් වූනේය. ඔවුන්
ගෙන් සමහරෙක් උන්වහන්සේ අල්
ලන්ට කැමතිවූවෝය. නුමුත් කවුරු
වත් උන්වහන්සේ පිට අත් තැබුවේ
45. නැත. පසුව සේවකයෝ නායක
පූජකයන් සහ ඵරිසිවරුන් ලඟට
ආවෝය. එකල ඔවුන්, “නුබලා ඔහු
නොගෙනාවේ මක්නිසාදැයි” සේව
46. කයන්ගෙන් ඇසුවෝය. සේවක
යෝ උත්තර දෙමින්, “මේ මනුෂ්‍යයා
ලෙස කිසි කලෙක කිසි මනුෂ්‍ය
යෙක් කථාකලේ නැතැයි” කීවෝ
47. ය. එවිට ඵරිසිවරු ඔවුන්ට උත්
තර දෙමින්, “නුබලාත් රැවටුනෝද?
48. ප්‍රධානීන්ගෙනවත් ඵරිසීන්ගෙන්
වත් කිසිවෙක් ඔහු අදහගනෝද?
49. නුමුත් ව්‍යවස්ථාව නොදන්නාවූ
මේ සමූහයා සාපලත්තෝයයි” කී
50. වෝය. එකල ඔවුන්ගෙන් එ
කෙක්වූ, රාත්‍රියෙහි ජේසුස්වහන්සේ
ලඟට ගියාවූ නිකදේමුස් උත්තර
51. දෙමින්, “කාට නුමුන් කියන්
නට තිබෙන දෙයක් පලමු කොටම
නොඅසා, ඔහු කරන්නේ මොකද
කොදැන, අපගේ ව්‍යවස්ථාවෙන් ඔහු
වරදට පමුනුවන්නට යුතුදැයි”
52. ඔවුන්ගෙන් ඇසුයේය. ඔවුන්ද
ඔහුට උත්තර දෙමින්, “නුබත් ගලි
ලයෙක්ද? සොයා බලාපන්න; ගලි
ලයෙන් කිසි අනාගතවක්තෘ කෙ
නෙක් නොනැගිටින්නේයයි” කී
53. වෝය. එවිට සියල්ලෝම තම
තමන්ගේ ගෙවලට ගියෝය.

8. පරිච්. ජේසුස්වහන්සේද
2. ඔලීව කන්දට ගියසේක. උන්ව
හන්සේ උදයම දේවමාලිගාවට නැව
ත ආසේක. සියළු සෙනග උනවහන්
සේ ලඟට පැමිනියෝය; උන්වහන්
සේ වැඩහිද, ඔවුන්ට ඉගැන්නුසේක.
3. එවිට පරපුරුෂ සේවනය කරද්
දීම අසුවූන ස්ත්‍රියක් ලියන්නෝද
ඵරිසිවරුද උන්වහන්සේ ලඟට ගෙ
4. නවුත්, මැද සිටුවා, “ආචාරීනි, මේ
ස්ත්‍රී පරපුරුෂ සේවනය කරද්දීම
5. අල්ලන්නට යෙදුනාය. මෙබඳුවූ
වන්ට ගල් ගසා මරන්නට, මෝසෙස්
ව්‍යවස්ථාවෙහි අපට අනකලේය.
එහෙත් ඔබවහන්සේ කුමක් කියන
සේක්දැයි” උනවහන්සේගෙන් ඇසූ
6. වෝය. මේ කාරනාව කීවේ, උන්
වහන්සේ පරීක්ෂාකරමින් උන්වහන්
සේට දෝෂ පමුනුවන පිනිසය.
නුමුත් ජේසුස්වහන්සේ නැමී, ඇඟි
7. ල්ලෙන් බිම ලිවූසේක. ඔවුන්
උනවහන්සේගෙන් අසමින් සිටිද්දීම,
උන්වහන්සේ කෙලින්ව, “නුබලා
අතරෙන් පව් නැති මනුෂ්‍යයෙක්
ඇට පලමුකොට ගලක් ගසාවයි” කී
8. යා, නැවතත් නැමී බිම ලිවූසේක.

9. ඔවුන් ඒ අසා, තමතමන්ගේ
හෘදසාක්ෂියටම වරදකාරයන් බව
හැඟී, වැඩිමහල්ලා පටන් බාලයා
දක්වා එක එකා පිටත්ව ගියෝය.
යේසුස්වහන්සේ පමනක් සිටිසේක;
10. ඒ ස්ත්‍රිද මැද සිටියාය. යේසුස්ව
හන්සේ කෙලින්ව, ඒ ස්ත්‍රිය හැර
වෙන කවුරුවත් නොදැක, "ස්ත්‍රිය,
නුඹට වැරදි තබමින් සිටියෝ කො
සිද? කවුරුවත් නුඹ අච්චුවට නියම
කලේ නැද්දැයි?" ඈගෙන් ඇහු
11. සේක. ඈ "ස්වාමිනි, නැතැයි"
කීවාය. එවිට යේසුස්වහන්සේ, "මම
ද නුඹ අච්චුවට නියම නොකරමි;
පලයන්න; මෙතැන් පටන් පව්
නොකරන්නැයි" ඈට කීසේක.

12. යේසුස්වහන්සේ නැවතත්
ඔවුන් සමග කථාකරමින්, "ලෝක
යෙහි ආලෝකය මමය. මා පස්සේ
එන්නා අඳුරෙහි නොහැසිර, ජීවන
යෙහි එළිය ලබන්නේයයි" කීසේක.
13. එවිට ඵරිසියෝ, "නුඹ තමන්
ගැනම සාක්ෂි දෙන්නේය. නුඹේ
සාක්ෂිය සැබෑ නැතැයි" උන්වහන්
14. සේට කීවෝය. යේසුස්වහන්
සේ උත්තර දෙමින්, "මම මා
ගැනම සාක්ෂි දෙන නුමුත්, මම
ආවේ කොතනින්ද යන්නේ කොත
නටදැයි දැනගත් බැවින්, මාගේ
සාක්ෂි සැබෑය. මම කොතැන්හි සිට
ආයෙම්ද, කොතැනට යෙම්දැයි නුඹ
15. ලා දන්නේ නැත. නුඹලා මා
ංසාකාරයෙන් විනිශ්චය කරති; මම
කවුරුවත් විනිශ්චය නොකරමි.
16. මම විනිශ්චය කෙරෙම්නම්, මම
තනියම නොසිට මා එවූ පියානන්ව
හන්සේ මා සමග සිටින බැවින්,
17. මාගේ විනිශ්චය සැබෑය. 'දෙ
නෙනාකුගේ සාක්ෂිය සැබෑයයි'
නුඹලාගේ ව්‍යවස්ථාවෙහි ලියන
18. ලද්දේය. මම මා ගැන සාක්ෂි
දෙමි; මාගේ පියානන්වහන්සේද මා
ගැන සාක්ෂි දෙනසේකැයි" කීසේක.

19. එවිට ඔවුන්, "නුඹේ පියා කො
තනදැයි" උන්වහන්සේගෙන් ඇහු
වෝය. යේසුස්වහන්සේ උත්තර
දෙමින්, "නුඹලා මා අඳුනන්නේ
වත්, මාගේ පියානන්වහන්සේ අඳු
නන්නේවත් නැත. නුඹලා මා ඇඳි
නනානම්, මාගේ පියානන්වහන්
සේත් අඳුනනවා ඇතැයි" කීසේක.
20. යේසුස්වහන්සේ දේවමාලිගාවේ
උගන්වමින් සිට, මුදල් ගබඩාවේදී
මේ වචන කීසේක. උන්වහන්සේගේ
කාලය ඒතාක්කල්ම නොපැමිනි
බැවින්, කවුරුවත් උන්වහන්සේ ඇල්
ලුවේ නැත.

21. නැවතත් යේසුස්වහන්සේ,
"මම පිටත්ව යෙමි; නුඹලා මා සො
යනවා ඇත. නුමුත් නුඹලා තමන්ගේ
පාපයෙහි මැරෙනවා ඇත. මම යන
ස්ථානයට නුඹලාට එන්නට නුපුළුව
22. නැයි" කීසේක. එවිට යුදෙව්
වරු, "මම යන ස්ථානයට නුඹලාට
එන්නට නුපුළුවනැයි මොහු කියන්
නේ, මොහු තමන්ම නසාගන්වද්ද"
23. කීවෝය. තවද උන්වහන්සේ,
"නුඹලා පහලින් වෙති; මම ඉහලින්
වෙමි. නුඹලා මෙලොවින් වෙති;
24. මම මෙලොවින් නොවෙමි. එහෙ
යින් 'නුඹලා තමන්ගේ පාපයෙහි
මියනවා ඇතැයි' නුඹලාට මම කීමි.
මක්නිසාද, මම ඔහුමයයි නුඹලා
අදහා නොගත්තොත්, නුඹලාගේ
පාපයෙහි මැරෙනවා ඇතැයි" කී
25. සේක. එවිට ඔවුන්, "නුඹ කවු
දැයි" උන්වහන්සේගෙන් ඇහු
වෝය. යේසුස්වහන්සේද, "මම පල
මු නුඹලාට කී තැනැත්තේම වෙමි.
26. නුඹලා ගැන කියන්ටත් විනිශ්
චය කරන්ටත් බොහෝ කාරනා ඇ
ත. නුමුත් මා එවූ උන්වහන්සේ සැබෑ
කෙනෙක. මමද උන්වහන්සේගෙන්
ඇහු දේ ලොවට කියමියි" කීසේක.
27. උන්වහන්සේ පියානන්වහන්සේ
ගැන ඔවුන්ට කථාකලසේකැයි, ඔව්

28. වුන්ට වැටහුනේ නැත. එවිට
යේසුස්වහන්සේ ඔවුන්ට කියන
සේක්, "නුබලා මනුෂ්‍ය පුත්‍රයා එ
සවූ පසු, මම ඔහුම බවත්, මාගේ
පියානන්වහන්සේ මට ඉගැන්වූ දේ
කියනවා මිස මාගේ කැමැත්තෙන්
කිසි දෙයක් නොකරණ බවත්,
29. නුබලා දනනවා ඇත. මා එවූ
උන්වහන්සේ මා සමගය. මාගේ
පියානන්වහන්සේට ප්‍රසන්න දේ මම
නිතරම කරන හෙයින්, උන්වහන්සේ
මා තනියම සිටින්නට ඇරියේ නැ
30. තැයි" කීසේක. උන්වහන්සේ
මෙසේ කියද්දීම, බොහෝ දෙන
31. උන්වහන්සේ අදහගත්තෝය. එ
කල යේසුස්වහන්සේ තමන් අදහ
ගත් යුදෙව්වරුන්ට කියනසේක්,
"නුබලා මාගේ වචනයෙහි පිහිටා
සිටිනවානම්, සැබැවට මාගේ ගෝල
32. යෝ වෙති; නුබලා සැබෑකම
දන්නවා ඇත; සැබෑකම නුබලා
මුදනවා ඇතැයි" කීසේක.

33. ඔවුන් උන්වහන්සේට උත්තර
දෙමින්, "අපි ආබ්‍රහම්ගෙන් පැවත
එන්නෝ වෙමුව; අපි කිසි කලෙක
කවරෙකුමත් වාල් නුවෙනමුව. 'නුබ
ලා මුදනු ලබනවා ඇතැයි' නුබ
කියනෙත් කොහොමදැයි" කීවෝය.
34. යේසුස්වහන්සේ ඔවුන්ට උත්
තර දෙමින්, "සැබවක් සැබවක් නුබ
ලාට කියමි, පව්කරන සියල්ලෝම
35. පාපයට වාල්වෙති. වාලා නිත
රම පව්ලේ සිටින්නේ නැත; පුත්‍රයා
36. නිතරම සිටින්නේය. එසේහෙ
යින්, පුත්‍රයා නුබලා මුදන්නේනම්
සැබෑවටම නුබලා මුදනු ලබනවා
37. ඇත. නුබලා ආබ්‍රහම්ගෙන්
පැවත එන්නෝයයි දනිමි; නුමුත්
මාගේ වචනය නුබලා ඇතුලේ පිහි
ටා නැති බැවින්, මා මරන්නට සො
38. යති. මම මාගේ පියානන්වහන්
සේ ලඟදී දුටු දේ කියමි; නුබලා
නුබලාගේ පියා ලඟදී දුටු දේ කර
39. තිසි" කීසේක. ඔවුහු උත්තර
දෙමින්, "ආබ්‍රහම් අපගේ පියාණෝ
යයි" උන්වහන්සේට කීවෝය. එවිට
යේසුස්වහන්සේ ඔවුන්ට කියන
සේක්, "නුබලා ආබ්‍රහම්ගේ පුත්‍රයෝ
40. නම්, ආබ්‍රහම්ගේ ක්‍රියා කරති. මා
විසින් දෙවියන්වහන්සේගෙන් අස
නලද සැබෑකම නුබලාට කීමි. මා
මරන්නට දැන් නුබලා සොයති;
41. ආබ්‍රහම් එසේ කලේ නැත. නුබ
ලා නුබලාගේ පියාගේ ක්‍රියා කර
තිසි" කීසේක. එවිට ඔවුන්, "අපි
වෙශ්‍යාකමින් උපන්නෝ නොවෙ
මුව. අපගේ පියාණෝ එක්කෙනෙක;
ඒ දෙවියන්වහන්සේමයයි" කීවෝය.
42. එවිට යේසුස්වහන්සේ ඔවුන්ට
කියනසේක්, "ඉදින්, දෙවියන්ව
හන්සේ නුබලාගේ පියාණෝනම්,
නුබලා මට ප්‍රේම කරනවා ඇත.
මක්නිසාද, මම දෙවියන්වහන්සේ
කෙරෙන් ආයෙමි; මාගේ කැමැත්
තෙන් නෑයෙමි; උන්වහන්සේ මා
43. එවූසේක. මාගේ කීම නුබලාට
නොවැටහුනේ මක්නිසාද? මාගේ
වචන පිලිගන්ට නුබලාට බැරි නිසා
44. ය. නුබලාගේ පියා සාතන්ය;
නුබලාගේ පියාගේ ආසාවන් කරන්
ට නුබලා කැමතිවෙති. ඔහු මුල
පටන් මිනී මරන්නෙක. ඔහු තුලේ
සැබෑකම නැති හෙයින්, ඔහු සැබෑ
කමෙන් අහක්ව ගියේය. ඔහු බොරු
කාරයෙක; බොරුවේ පියාය. ඒ
නිසා ඔහු බොරුවක් කියන කල,
45. ඔහුගේම දේ කියන්නේය. මම
නුබලාට සැබෑකම කියමි; එහෙයින්
46. නුබලා මා අදහන්නේ නැත. මා
වරදකාරයෙක්කොට ඔප්පුදෙනන
ට නුබලා අතරෙන් කාට පුළුවන්ද?
මම සැබෑකම කියනවානම්, මා අදහ
47. නොගන්නේ මක්නිසාද? දෙවි
යන්වහන්සේ කෙරෙන් ආ තැනැත්
තේ දෙවියන්වහන්සේගේ වචන
පිලිගන්නේය. නුබලා දෙවියන්ව

හන්සේ කෙරෙන් නොවූ බැවින්,
ඒ වචන පිළිගන්නේ නැතැයි”
48. කීසේක. එවිට යුදෙව්වරු උත්
තර දෙමින්, “නුඹ සමාරියෙකැයි
කියාද, යක්ෂයා වැහුනාවූ කෙනෙ
කැයි කියාද, අපි කියනවා හරි නො
වේදැයි” උන්වහන්සේට කීවෝය.
49. යේසුස්වහන්සේ උත්තර දෙමින්,
“මම යක්ෂයා වැහුනාවූ කෙනෙක්
නොවෙමි; මම මාගේ පියානන්ව
හන්සේට ගෞරව කෙරෙමි; නුඹලා
50. මට අගෞරව කරති. මම මාගේ
ගෞරවය නොසොයමි; ඒ සොයන්
නාවූ විනිශ්චයකරනනාවූ කෙනෙක්
51. ඇත. සැබවක් සැබවක් නුඹලාට
කියමි, යමෙක් මාගේ වචනය රක්ෂා
කරන්නේනම්, ඔහු කිසි කලෙකත්
මරණය දකින්නේ නැතැයි” කීසේ
52. ක. එවිට යුදෙව්වරු, “නුඹ යක්ෂ
යා වැහුනාවූ කෙනෙකැයි දැන් දනි
මුව. ආබ්‍රහම්ද අනාගතවක්තෘහුද
නැසුනෝය. නුඹද ‘යමෙක් මාගේ
වචනය රක්ෂාකරන්නේනම්, ඔහු
කිසි කලෙකත් මරණයේ රස විඳින්
53. නේ නැතැයි’ කියන්නේය. නුඹ
අපගේ පියවූ ආබ්‍රහම්ට වඩා උතුම්
කෙනෙක්ද? ඔහු නැසුනේය; අනා
ගතවක්තෘහුද නැසුනෝය. නුඹ කව
රෙක කියා සිතන්නේදැයි” කීවෝ
54. ය. යේසුස්වහන්සේ උත්තර
දෙමින්, “මම මටම ගෞරව කෙරෙම්
නම්, මාගේ ගෞරවය සිස්වෙයි.
මට ගෞරව කරන්නේ, මාගේ පියා
නන්වහන්සේය. උන්වහන්සේ නුඹ
ලාගේ දෙවියනවහන්සේයයි නුඹලා
55. කියති. නුමුත් නුඹලා උනවහන්
සේ අඳුනන්නේ නැත. මම උන්ව
හන්සේ අඳුනමි; ‘උන්වහන්සේ නො
දුනමියි’ කීම්නම්, මමත් නුඹලා
සමාන බොරු කියන්නෙක් වෙම්.
මම උන්වහන්සේ අඳුනමි; උන්ව
හන්සේගේ වචනයද රක්ෂාකෙරෙමි.
56. නුඹලාගේ පියවූ ආබ්‍රහම් මාගේ
දවස දැකින්ම ප්‍රීතියෙන් බලාසිටි
යේය; දැක, සන්තෝසවූයේයයි”
57. කීසේක. එකල යුදෙව්වරු,
“තව වයස් පනහකට නොපැමිනි
යාවූ නුඹ ආබ්‍රහම් දුටුයේදැයි” උන්
58. වහන්සේට කීවෝය. යේසුස්ව
හන්සේ, “සැබවක් සැබවක් නුඹ
ලාට කියමි, ආබ්‍රහම්ගේ ඉපදීමට
පලමු මම ඇත්තෙමියි” ඔවුන්ට
59. කීසේක. එවිට ඔවුන් උන්වහන්
සේට ගසන පිනිස, ගල් අතට ගත්
තෝය. නුමුත් යේසුස්වහන්සේ සැ
ඟවී, ඔවුන් මැදින් ගොස්, දේවමාලි
ගාවෙන් පිටත්ව ගිසේක.

9. පරිච්ඡේ. යේසුස්වහන්සේ ය
මින්, මවු කුසේ පටන් අන්ධවූ මනුෂ්‍ය
2. යෙක් දුටුසේක. එවිට උන්වහන්
සේගේ ගෝලයෝ, “ආචාරීනි, කවු
රුවිසින් කරනලද පාපයකින් මොහු
අන්ධව උපන්නේද? මොහු විසින්ද?
මොහුගේ මව්පියන් විසින්දැයි”
3. ඇසුවෝය. යේසුස්වහන්සේ උත්
තර දෙමින්, “දෙවියනවහන්සේගේ
ක්‍රියාවන් මොහු කෙරේ ප්‍රකාසකරන
පිනිස මිස, මොහු විසින්වත් මොහු
ගේ මව්පියන් විසින්වත් කල පාපය
4. කින් මේ දේ සිදුවූයේ නැත. දව
හල්ව තිබෙන කල, මා එවූ උන්ව
හන්සේගේ වැඩ මා විසින් කටයුතුය.
කාටවත් වැඩකරන්ට නුපුළුවන්වූ
5. රාත්‍රිය පැමිනෙන්නේය. මම ලෝ
කයෙහි සිටිනා අතර, ලෝකයෙහි ආ
6. ලෝකය වෙමියි” කීසේක. උන්
වහන්සේ මේ වචන කියා, බිමට කෙ
ලගසා, එයින් මඩ සාද, ඒ මඩ අන්ධ
7. යාගේ ඇස්වල ගා, “නුඹ ගොස්,
සිලෝහම් පොකුනෙන් නාපන්නැ
යි” ඔහුට කීසේක. සිලොහම් යන
වචනයෙහි අර්ථයනම්, “එවනලද”
යනුය. එවිට ඔහු ගොස්, නා, පෙනීම
8. ලැබ ආයේය. එකල අසල්වාසී
යෝද, ඔහු අන්ධව සිටි කල ඔහු

හුඹු අයවල්ද, "ඉඳගෙන, සිඟාවත්
හුල්වූයේ මොහු නොවේදැයි" කීවෝ
9. ය. සමහරෙක්, "මේ ඔහුමය;"
තවත් සමහරෙක්, "මොහු ඔහු සමා
නයයි" කීකල, ඔහු, "ඒ මමයයි"
10. කීයේය. එවිට ඔව්හු, "තුබේ
ඇස් පෑදුනේ කොහොමදැයි" ඔහු
11. ගෙන් ඇසුවෝය. ඔහු උත්තර
දෙමින්, "යේසුස්නම් මනුෂ්‍යයෙක්
මඩ සාද, මාගේ ඇස්වල ගා, 'තුබ
සිලොහම් පොකුනට ගොස් නාප
නැයි' මට කීයේය. මමද ගොස්
නා, පෙනීම ලැබ්මියි" කීයේය.
12. එකල ඔව්හු "ඔහු කොතැන
දැයි" ඇසුවෝය. "මම නොදනිමියි"
ඔහු කීයේය.

13. පලමු අන්ධව සිටි ඔහු ඵරිසීන්
14. ලඟට ගෙන ගියෝය. යේසු
සවහන්සේ මඩ සාද ඔහුගේ
ඇස් පෑදූ දවස, සබත් දවසය.
15. ඵරිසිවරුද "තුබට පෙනීම ලැබූ
නේ කොහොමදැයි" ඔහුගෙන්
ඇසුවෝය. ඔහු, "උන්වහන්සේ
මාගේ ඇස්වල මඩ ගෑසේක. මම
නාලා පෙනීම ලැබුයෙමියි" ඔව්හුන්ට
16. කීයේය. එවිට ඵරිසිවරුන්ගෙන්
සමහරෙක්, "ඒ මනුෂ්‍යයා සබත් දව
ස නොපවත්වන බැවින්, දෙවියන්
වහන්සේ කෙරෙන් ආ කෙනෙක්
නොවේයයි" කීවෝය. තවත් සමහ
රෙක්, "මෙයාකාර ආශ්චර්‍ය්‍යයන්
කරන්නට පව්කාරයෙකුට පුළුවන්දැ
යි" කීවෝය. මෙසේ ඔව්හු නොවූන්
17. අතරේ භේදයක් විය. නැවතද
ඔව්හු, "තුබේ ඇස් ඔහු විසින්
පෑදූ බැවින්, ඔහු ගැන තුබ කියන්
නේ මොකදැයි" අන්ධයාගෙන් ඇසු
වෝය. "අනාගතවක්තෘ කෙනෙ
18. කැයි" ඔහු කීයේය. තුමුත් යු
දෙව්වරු පෙනීම ලැබූ අයගේ මව්
පියන් කැඳවනතුරු, ඔහු අන්ධව
සිට පෙනීම ලැබුයේයයි අදහනො
19. යෙන, "අන්ධව උපන්නේයයි
තුබලා කියන තුබලාගේ පුත්‍රයා
මොහුද? එසේනම්, දැන් ඔහුට පෙ
නෙන්නේ කොහොමදැයි" ඔව්හු
20. ගෙන් ඇසුවෝය. ඔහුගේ මව්
පියෝ ඔව්හුන්ට උත්තර දෙමින්,
"මොහු අපගේ පුත්‍ර බවද, අන්ධව
21. උපන් බවද දනිමුව. තුමුත් දැන්
කොහොම මොහුට පෙනෙන්නේද
කියාත්, මොහුගේ ඇස් පෑදුවේ
කවුද කියාත්, අපි දන්නේ නැත.
මොහුට වයස් ඇත; මොහුගෙන්
අසාපල්ලාය; ඔහු කියන්නේයයි"
22. කීවෝය. ඔහුගේ මව්පියෝ යු
දෙව්වරුන්ට භයින් මෙසේ කීවෝය.
මක්නිසාද, කවුරුවත් උන්වහන්සේ
ක්‍රිස්තුස්යයි කීයේනම්, ඔහු සින
ගෝගයෙන් අහක්කරනු ලබන්නේ
යයි, පලමුවෙන්ම යුදෙව්වරු නියෝ
23. ගකලෝය. එහෙයින් ඔහුගේ
මව්පියෝ, "මොහුට වයස් ඇත;
මොහුගෙන් අසාපල්ලායයි" කීවෝ
24. ය. එවිට ඔව්හු අන්ධව සිටි මනු
ෂ්‍යයා දෙවනු කැඳවා, "දෙවියන්ව
හන්සේට ප්‍රශංසාකරපන්න; මේ
මනුෂ්‍යයා පව්කාරයෙකැයි අපි දනි
25. මුයයි" ඔහුට කීවෝය. ඔහු උත්
තර දෙමින්, "උන්වහන්සේ පව්කා
රයෙක්ද නැද්දැයි මම නොදනිමි;
එකක් දනිමි; පලමු අන්ධව්මි; දැන්
මට පෙනීම ඇත්තේයයි" කීය.
26. ඔව්හුද, "ඔහු තුබට කළේ
මොකද? තුබේ ඇස් පෑදුවේ කො
හොමදැයි" නැවතත් ඔහුගෙන්
27. ඇසුවෝය. ඔහු ඔව්හුන්ට උත්තර
දෙමින්, "පලමුවෙන් තුබලාට කීමි;
තුබලා සැලකුවේ නැත. තුබලා
නැවත අහන්නට කැමතිවන්නේ
මක්නිසාද? තුබලාත් උන්වහන්සේ
ගේ ගෝලයෝ වෙන්නට කැමති
28. දැයි." කීයේය. එවිට ඔව්හු
ඔහුට නින්දාකොට, "තෝ ඔහුගේ
ගෝලයාය; අපි මෝසෙස්ගේ ගෝල
29 යෝය. දෙවියන්වහන්සේ මෝ

සෙන් සමග කථාකල බව දනිමුව.
මොහු කොතනින් ආයේදැයි නොද
30. නිමුයයි" කීවෝය. ඒ මනුෂ්‍යයා
උත්තර දෙමින්, "උන්වහන්සේ
මාගේ ඇස් පෑදුසේක. උන්වහන්සේ
කොතනින් ආසේක්දැයි, නුබලා
31. දනනොගත් බව පුදුමයෙක. දෙ
වියන්වහන්සේ පව්කාරයන්ගේ වච
න නොඅසන බවත්, යමෙක් දෙවි
යන්වහන්සේ කෙරේ භක්ති ඇතුව
උන්වහන්සේගේ කැමැත්ත කරන්
නේනම් ඔහුගේ වචන අසන බවත්,
32. අපි දනිමුව. කවුරුවත් අන්ධව
උපන්නෙකුගේ ඇස් පෑදුවේයයි,
ලෝකය පටන්ගැන්මේ සිට නෑසූ
33. කාරනාවක. මූන්වහන්සේ දෙවි
යන්වහන්සේ කෙරෙන් නාසේක්
නම්, කිසි දෙයක් කරන්නට උන්ව
හන්සේට නුපුළුවනැයි" කීයේය.
34. ඔවුන් ඔහුට උත්තර දෙමින්,
"සියළු ප්‍රකාරයෙන් පාපයෙහි උපන්
නාවූ තෝ අපට උගන්වන්නේදැයි"
35. කියා, ඔහු අහක්කලෝය. ඔවුන්
විසින් ඔහු අහක්කල බව ඇසූවාවූ
යේසුස්වහන්සේ ඔහු දැක, "නුබ
දෙවියන්වහන්සේගේ පුත්‍රයා කෙරෙ
හි ඇදහිලිකරන්නේදැයි" ඔහු
36. ගෙන් ඇසූසේක. ඔහු උත්තර
දෙමින්, "ස්වාමිනි, මම උන්වහන්සේ
කෙරෙහි ඇදහිලිකරන්ට උන්වහන්
37. සේ කවුදැයි" ඇසූයේය. යේසු
ස්වහන්සේ ඔහුට කියනසේක්, "නුබ
උන්වහන්සේ දුටුයේය; නුබ සමග
කථාකරන්නේ උන්වහන්සේමයයි"
38. කීසේක. ඔහුද "ස්වාමිනි, මම අද
හමි" කියා, උන්වහන්සේට නමස්
39. කාර කෙලේය. එවිට යේසුස්ව
හන්සේ, "ඇස් නොපෙනෙනවුන්ට
ඇස් පෙනෙන පිනිසද, ඇස් පෙනෙ
නවුන් අන්ධවෙන පිනිසද, විනිශ්
චය ගැන මේ ලෝකයට ආයෙමියි"
40. කීසේක. උන්වහන්සේ සමග
සිටියාවූ ඵරිසිවරුන්ගෙන් සමහ
රෙක් ඒ අසා, "අපිත් අන්ධයෝ
දැයි" උන්වහන්සේගෙන් ඇසුවෝය.
41. යේසුස්වහන්සේ, "නුබලා අන්
ධවූනානම් නුබලාට පාපයක් නැත.
දැන් 'අපට පෙනෙන්නේයයි' නුබ
ලා කියති; එහෙයින් නුබලාගේ
පාපය පවතින්නේයයි" ඔවුන්ට
කීසේක.

10. පරිච්ඡ. "සැබවක් සැබවක්
නුබලාට කියමි, යමෙක් දොරකඩින්
බැටළු ගාලට ඇතුල්නොව, වෙන
මගකින් ඇතුල්වේද; ඔහු සොරෙක්
2. ද කොල්ලකන්නෙක්ද වෙයි. නු
මුත් දොරකඩින් ඇතුල්වෙන තැනැ
3. ත්තාම බැටළු එඬේරා වෙයි. ඔහුට
දොරටුපාලයා දොර හරියි; බැටළු
වෝද ඔහුගේ හඬ අසති. ඔහු තමා
ගේ බැටළුවන්ගේ නම් කියා හඬ
ගසා, ඔවුන් පිටතට ගෙනයයි.
4. ඔහු තමාගේ බැටළුවන් පිටත්
කොට, ඔවුන්ට ඉස්සරව යයි. බැටළු
වෝද ඔහුගේ හඬ අඳුනන බැවින්,
5. ඔහු පස්සේ යති. උන් වෙන
කෙනෙකුගේ හඬ නාඳුනන හෙයින්,
ඔහු පස්සේ නොගොස් ඔහු කෙ
රෙන් පලා යනවා ඇතැයි" කීසේක.
6. යේසුස්වහන්සේ මේ උපමාව
ඔවුන්ට කී නුමුත්, උන්වහන්සේ
විසින් කියනලද කාරනාව ඔවුන්
7. තේරුම්ගත්තේ නැත. එවිට යේ
සුස්වහන්සේ නැවතත් ඔවුන්ට කිය
නසේක්, "සැබවක් සැබවක් නුබ
ලාට කියමි, බැටළු ගාලේ දොරකඩ
8. නම් මමය. මට පලමු ආ සියල්
ලෝම සොරුද කොල්ලකන්නෝද
වෙති. නුමුත් බැටළුවෝ ඔවුන් කීවා
9. ඇසුවේ නැත. මම දොරකඩ වෙ
මි; යමෙක් මා කරනකොටගෙන
ඇතුල්වේද; ඔහු රක්ෂාකරනු ලැබ,
ඇතුලටද පිටතටද ගොස් කෑම
10. ලබන්නේය. සොරා සොරකම්
කරන්ටද මරන්ටද විනාසකරන්ටද

මිස, වෙන කිසිවකට එන්නේ නැත.
ඔවුන්ට ජීවනයද ඒ ජීවනයේ සම්
පූර්ණත්වයද ලැබෙන පිනිස මම
11. ආයෙමි. යහපත් බැටළු එඬේරා
මමය. යහපත් බැටළු එඬේරා තමා
ගේ ප්‍රාණය බැටළුවන් උදෙසා දෙන්
12. නේය. තමුන් බැටළු එඬේරා
නොවූ, බැටළුවන්ගේ ස්වාමියා නො
වන්නාවූ කුලිකාරයා වෘකයා එනවා
දැක, බැටළුවන් අත්හැර පලායයි.
එවිට වෘකයා උන් අල්ලමින්, බැටළු
13. රැළ කඩින් කඩ එලවයි. කුලී
කාරයා කුලීකාරයෙක් බැවින් බැට
14. ළුවන් නොසලකා පලා යයි. යහ
පත් බැටළු එඬේරා මමය. පියානන්
වහන්සේ මා යම්සේ අඳුනනසේක්
ද? මම පියානන්වහන්සේ යම්සේ
අඳුනම්ද? එසේ මම මාගේ බැටළු
15. වන් අඳුනමි. මාගේ බැටළුවෝත්
මා අඳුනති. බැටළුවන් නිසා මාගේ
16. ප්‍රාණය දෙමි. ඒ ගාලට අයිති
නුවූ වෙනත් බැටළුවෝ මට ඇත.
ඔවුන්ද මා විසින් ගෙනයාම යුතුය.
ඔවුන් මාගේ හඬ අසනවා ඇත.
එකල එකම රැළක්ද එකම බැටළු
17. එඬේරෙක්ද වන්නේය. මා විසින්
නැවත ගන්නා පිනිස මාගේ ප්‍රාණය
දෙන බැවින්, මාගේ පියානන්වහන්
18. සේ මට ප්‍රේමවනසේක. මාගේ
ප්‍රාණය කැමැත්තෙන් දෙනවා මිස,
කවුරුවත් ඒක මාගෙන් උදුරාගන්
නේ නැත. ඒක දෙන්ටද නැවත
ගන්ටද මට බලය ඇත. මාගේ පියා
නන්වහන්සේගෙන් ඒ අණ ලදිමියි"
19. කීසේක. එවිට ඒ කීම් ගැන
යුදෙව්වරු අතරේ භේදයක් නැවත
20. හටගත්තේය. ඔවුන්ගෙන් බො
හෝදෙනෙක්, "ඔහු යක්ෂයා වැහු
නාවූ පිස්සෙක. ඔහුගේ බස් අසන්
21. නේ මන්නිසාදැයි" කීවෝය. ත
වත් සමහරෙක්, "මේ යක්ෂයා වැහු
නාවූ කෙනෙකුගේ බස් නොවෙයි;
අන්ධයන්ට පෙනීම දෙන්නට යක්ෂයා
වැහුනාවූ අයට පුළුවන්දැයි" කී
වෝය.

22. පවිත්‍රකිරීමනම්වූ මංගල්‍යය
යෙරුසලමේ තිබුණේය; සීතල කාල
23. යද විය. එවිට යේසුස්වහන්සේ
දේවමාලිගාවේ සාලමොන්ගේ මඩු
24. වේ සක්මන්කලසේක. එවිට
යුදෙව්වරු ඇවිත් උන්වහන්සේ වට
කර සිට, "කොපමණ කල් අපට
සැක උපදවනසේක්ද? ඔබවහන්
සේ ක්‍රිස්තුස්නම්, ප්‍රකාසයෙන් අපට
කියමැනවයි" උන්වහන්සේට කීවෝ
25. ය. යේසුස්වහන්සේ ඔවුන්ට
උත්තරදෙමින්, "මම තුඹලාට කීවිමි,
තුඹලා අදහගත්තේ නැත. මාගේ
පියානන්වහන්සේගේ නාමයෙන් මම
කරන ක්‍රියාවල්ම මා ගැන සාක්ෂි
26. දෙති. මම තුඹලාට කීව් හැටි
යට, තුඹලා මාගේ රැළෙහි බැටළු
වෝ නොවන බැවින්, තුඹලා අදහ
27. ගන්නේ නැත. මාගේ බැටළුවෝ
මාගේ හඬ අසති; මමද ඔවුන් අඳු
නමි; ඔව්හුත් මා පස්සේ එති.
28. මම ඔවුන්ට සදාකාල ජීවනය
දෙමි. ඔවුන් කවදාවත් විනාශ නො
වෙති. කවුරුවත් මාගේ අතින්
29. ඔවුන් උදුරාගන්නේ නැත. මට
ඔවුන් දුන්නාවූ මාගේ පියානන්ව
හන්සේ සියල්ලන්ට වඩා උතුම්
කෙනෙක. මාගේ පියානන්වහන්සේ
ගේ අතින් ඔවුන් උදුරාගන්ට කාට
30. වත් බැරිය. මමද පියානන්වහන්
සේද ඒකත්වයක්ව සිටිමුයයි" කී
31. සේක. එවිට යුදෙව්වරු උන්ව
හන්සේට ගල් ගසන්ට නැවතත්
32. ගල් අතට ගත්තෝය. යේසුස්ව
හන්සේ ඔවුන්ට කියනසේක්, "මා
ගේ පියානන්වහන්සේගෙන්වූ නො
යෙක් යහපත් ක්‍රියාවල් තුඹලාට
දැක්වීමි. එයින් කොයි ක්‍රියාව නිසා
33. මට ගල් ගසද්දැයි" කීසේක. යු
දෙව්වරු උන්වහන්සේට උත්තර
දෙමින්, "යහපත් ක්‍රියාවක් නිසා

නොව, නුඹ මනුෂ්‍යයෙක්ව සිට දෙ
වියන්වහන්සේ වෙන්ට සාදමින් දෙ
වියන්වහන්සේට අපහාස කරන
නිසා, නුඹට ගල් ගසමුයයි” කීවෝ
34. ය. යේසුස්වහන්සේ ඔවුන්ට උත්
තර දෙමින්, “නුඹලා දෙවිවරුයයි
මම කීමියි යන වචන නුඹලාගේ
ව්‍යවස්ථාවෙහි ලියා තිබෙනවා නො
වේද? නුඹලියවිල්ල කඩකරන්ට
35. බැරිය. එහෙයින් දෙවියන්වහන්
සේගේ වචනය ලැබූවන්ට ‘දෙවිව
රුයයි’ උන්වහන්සේ කීසේක්නම්,
36. මම දෙවියන්වහන්සේගේ පුත්‍ර
වෙමියි මම කිව් නිසා, පියානන්ව
හන්සේ විසින් පිරිසිදුකොට ලොවට
එවනලද තැනැත්තා දෙවියන්වහන්
සේට අපහාසකරන්නේයයි නුඹලා
37. කෙසේ කියද්ද? මාගේ පියාන
න්වහන්සේගේ ක්‍රියාවල් නොකෙ
රෙම්නම්, මා අදහා නොගනිල්ලාය
38. කෙරෙම්නම්, නුඹලා මා අදහා
නොගනිතත්, පියානන්වහන්සේ මා
ඇතුලෙහිද මම උන්වහන්සේ ඇතු
ලෙහිද ඇතැයි දැන අදහන පිනිස,
ක්‍රියාවන් අදහාගනිල්ලායයි” කීසේ
39. ක. එවිට උන්වහන්සේ අල්ලන
පිනිස ඔවුන් නැවත සෙව් නුමුත්,
උන්වහන්සේ ඔවුන්ගෙන් ගැලවී
ගියසේක.

40. පසුව උන්වහන්සේ යොර්දා
නෙන් එගොඩ යොහන් පලමුවෙන්
බව්තිස්මකල ස්ථානයට නැවත
41. ගොස්, එහි වාසයකලසේක. බො
හෝදෙනද උන්වහන්සේ ලඟට
ඇවිත්, “යොහන් කිසි ආශ්චර්යයක්
කෙලේ නැත; නුමුත් මූන්වහන්සේ
ගැන යොහන් කී සියල්ලම සැබෑ
42. යයි” කීවෝය. බොහෝ දෙනද
එහිදී උන්වහන්සේ අදහගත්තෝය.

11. පරිච්ඡෙ. තවද මරියාද ඇගේ
සහෝදරීවූ මාර්තාද වසන බෙතානි
ගම වාසිවූ ලාසරුස්නම් මනුෂ්‍යයෙක්
2. රෝගාතුර වූයේය. ඒ මරියානම්,
ස්වාමීන්වහන්සේට සුවඳ තෙල් ගා
තමාගේ ඉසකෙසින් උන්වහන්සේ
ගේ පාද පිසදැමූ තැනැත්තීය. රෝ
ගාතුරවූ ලාසරුස් ඇගේ සහෝදරවූ
3. යේය. එවිට ඔහුගේ සහෝදරියෝ,
“ස්වාමීනි, ඔබවහන්සේ ආදරවූ
තැනැත්තා රෝගාතුරව සිටින්නේ
යයි” උන්වහන්සේට කියා යැව්
4. වෝය. යේසුස්වහන්සේ ඒ අසා,
“ඒ රෝගය දෙවියන්වහන්සේගේ
ගෞරවය පිනිස දෙවියන්වහන්සේ
ගේ පුත්‍රයාට එයින් ගෞරව ලැබ්මට
මිස, මරනය පිනිස නොවේයයි”
5. කීසේක. යේසුස්වහන්සේ මාර්තා
ටද ඇගේ සහෝදරීටද ලාසරුස්ටද
6. ප්‍රේම ඇතිසේක. උන්වහන්සේ
ලාසරුස් රෝගාතුරව සිටින්නේයයි
අසා, තමන් සිටි ස්ථානයේම තව දෙ
7. දවසක් විසුසේක. ඉන්පසු උන්ව
හන්සේ, “යුදයට නැවත යමුයයි”
8. ගෝලයන්ට කීසේක. ගෝලයෝ,
“ආචාරීනි, ස්වල්ප දවසකට පලමු
වෙන් යුදෙව්වරු ඔබවහන්සේට
ගල්ගසන්ට සෙව්වෝය; එතනට
නැවත යනසේක්දැයි” උන්වහන්
9. සේට කීවෝය. යේසුස්වහන්සේ
උත්තර දෙමින්, “දවසට දොලොස්
පැයක් නැද්ද? යමෙක් දවහල් ඇවි
දින්නේනම්, මේ ලෝකයෙහි එලිය
ඔහුට තිබෙන හෙයින් පැකිලෙන්
10. නේ නැත. නුමුත් යමෙක් රාත්‍රි
යේ ඇවිදින්නේනම්, ඔහුට එලිය
නැති නිසා ඔහු පැකිලෙනේයයි”
11. කීසේක. මෙසේ කියා, “අපගේ
මිත්‍රවූ ලාසරුස් නිදන්නේය; ඔහු
පුබුදුවන්ට යමියි” ඔවුන්ට කීසේක.
12. එවිට උන්වහන්සේගේ ගෝල
යෝ, “ස්වාමීනි, ඔහු නිදන්නේනම්,
ඔහුට සුවවන්නේයයි” කීවෝය.
13. යේසුස්වහන්සේ ඔහුගේ මරනය
ගැන කීසේක. ඔවුන් නින්දේ නිවා
ඩුව ගැන කීසේයයි සිතුවෝය.

14 එකල යේසුස්වහන්සේ, "ලාසරුස්
නැසුණේයයි" ඔවුන්ට ප්‍රකාශ ලෙස
15. කියා, "නුඹලා අදහගන්නා පි
ණිස, මම එහි නොසිටි බැවින්
නුඹලා නිසා සන්තෝසවෙමි. නුඹුත්
16. ඔහු ළඟට යමුයයි" කීසේක. එ
විට දිදුමස්නම් තෝමස්, "මුන්ව
හන්සේ සමග නසින පිණිස අපිත්
යමුයයි" අනික් ගෝලයන්ට කීයේය.
17. එවිට යේසුස්වහන්සේ ඇවිත්,
ඔහු සොහොන් ගෙයි තබා සතර
18. දවසකැයි දැනගත්සේක. බෙතා
නිය යෙරුසලමට ගව් බාගයක් පම
19. ණ දුරය. යුදෙව්වරුන්ගෙන් බො
හෝ දෙනෙක් මාර්තා සහ මරියාත්
ඔවුන්ගේ සහෝදරයා ගැන සනසන
පිණිස, ඔවුන් ළඟට ආවෝය.
20. මාර්තා යේසුස්වහන්සේ එන බව
අසා, උන්වහන්සේගේ පෙරමගට
ගියාය. මරියා ගෙහිම සිටියාය.
21. එවිට මාර්තා යේසුස්වහන්සේට
කියන්නී, "ස්වාමිනි, ඔබවහන්සේ
මෙහි සිටිසේක්නාම්, මාගේ සහෝද
22. රයා නොනසීය. දැනුත් ඔබව
හන්සේ දෙවියන්වහන්සේගෙන්
යමක් ඉල්ලනසේක්නම්, ඒක දෙවි
යන්වහන්සේ ඔබවහන්සේට දෙන
23. සේකැයි දනිමි" කීවාය. යේසුස්
වහන්සේ, "නුඹේ සහෝදරයා නැව
ත නැගිටින්නේයයි" ඈට කීසේක.
24. මාර්තා, "අන්තිම දවසේ නැවත
නැගිටීමෙහිදී ඔහු නැවත නැගිටින
බව දනිමි" කියා උන්වහන්සේට
25. කීවාය. යේසුස්වහන්සේ ඈට
කියනසේක්, "නැවත නැගිටීමද
ජීවනයද මමය. මා අදහන්නාවූ
තැනැත්තේ මල නුමුත් ජීවත්වන්
26. නේය. ජීවත්වෙන්නාවූ යමෙක්
මා අදහන්නේද ඔහු කොයි කලක
වත් නසින්නේ නැත. මේක අදහන්
27. නීදැයි" කීසේක. ඈ "එසේය
ස්වාමිනි, ඔබවහන්සේ දෙවියන්වහන්
සේගේ පුත්‍රවූ, ලෝකයට එන්නාවූ
ක්‍රිස්තුස්වහන්සේයයි අදහගනිමියි"
28. උන්වහන්සේට කීවාය. ඈ මෙ
සේ කියා ගොස් ඈගේ සහෝදරීවූ
මරියා රහසින් කැඳවා, "ආචාරීන්
වහන්සේ ඇවිත් නුඹට අඬගසන
29. සේකැයි" කීවාය. ඈ ඒ අසා,
වහාම නැගිට උන්වහන්සේ ළඟට
30. ගියාය. යේසුස්වහන්සේ ඒතාක්
කල් ගමට නොපැමිණ, මාර්තා තමන්
වහන්සේගේ පෙරමගට ආවාවූ ඉඹ
31. මෙම සිටිසේක. එවිට මරියා
සමග ගෙයි සිට ඈ සනසන්නාවූ
යුදෙව්වරු ඈ වහාම නැගිට පිටත්ව
යන බව දැක, "සොහොන් ගේ
ළඟදී අඬන පිණිස එහි යන්නීයයි"
32. සිතා, ඈ පස්සේ ගියෝය. එකල
මරියා යේසුස්වහන්සේ සිටි තැනට
ඇවිත්, උන්වහන්සේ දැක උන්වහන්
සේගේ පාමුල වැටී, "ස්වාමිනි, ඔබ
වහන්සේ මෙහි සිටිසේක්නම් මාගේ
සහෝදරයා නොනසීයයි" කීවාය.
33. යේසුස්වහන්සේ ඈද ඈ සමග
ආවාවූ යුදෙව්වරුන්ද අඬන බව
දැක, ආත්මයෙන් සුසුම්ලා සෝකව,
"නුඹලා ඔහු කොතන තැබුවෝ
34. දැයි" ඇසූසේක. ඔවුන්, "ස්වා
මීනි, ඇවිත් බැළුවමැනවයි" කීවෝ
35. ය. යේසුස්වහන්සේ ඇඬූසේක.
36. එවිට යුදෙව්වරු, "මුන්වහන්සේ
ඔහුට කොපමණ ආදරවූසේක්දැයි"
37. කීවෝය. ඔවුන්ගෙන් සමහ
රෙක්, "අන්ධයාට පෙනීම දුන්නාවූ
මුන්වහන්සේට ඔහුගේ මරනය වලක්
වන්ට බැරිවුණේදැයි" කීවෝය.
38. එවිට යේසුස්වහන්සේ නැවතත්
සුසුම්ලා, සොහොන් ගේ ළඟට ගිය
39. සේක. ඒක ගුහාවක; ගලක් ඒ
පිට තබනලද්දේය. යේසුස්වහන්සේ,
"ගල අහක්කරපල්ලායයි" කීසේක.
මල තැනැත්තාගේ සහෝදරීවූ මාර්තා
"ස්වාමිනි, මරනට පැමිණ සතර
දවසක් වෙන බැවින්, දැනට ගඳ
40. ඇතැයි" කීවාය. යේසුස්වහන්

සේ, "නුඹ අදහගතොත් දෙවියන්
වහන්සේගේ මහිමතාව දකිනවා
ඇත කියා නුඹට මම කීවේ නැද්
41. දැයි" ඈට කීසේක. එවිට මිනිය
තිබුනු සොහොන් ගෙයින් ගල
අහක්කලෝය. යේසුස්වහන්සේද
ඇස් ඔසවා, "පියාණන්වහන්ස,
මාගේ වචන ඇහූ බවට ඔබවහන්
42. සේට ස්තූති කෙරෙමි. ඔබවහන්
සේ නිතරම මාගේ වචන අසනසේ
කැයි දනිමි. නුමුත් ඔබවහන්සේ
විසින් මා එවූ බව හාත්පස සිටින්
නාවූ සමූහයා විසින් අදහගන්නා
පිනිස, ඔවුන් නිසා කීමියි" කීසේක.
43. උන්වහන්සේ මෙසේ කියා,
"ලාසරුස්, පිටතට වරෙන්නැයි"
මහත් ශබ්ද පවත්වා කීසේක.
44. එවිට මල තැනැත්තේ, පටිවලින්
බැඳපු අත් පා සහ රෙදිකඩින් වෙ
ලාපු මූනද ඇතුව, පිටතට ආයේය.
යේසුස්වහන්සේ, "මොහු මුදා යන්ට
හැරපල්ලායයි" ඔවුන්ට කීසේක.
45. එවිට මරියා ලඟට ආවාවූ යුදෙව්
වරුන්ගෙන් බොහෝ දෙනෙක්
යේසුස්වහන්සේ කල ක්‍රියාවල් දැක,
46. උන්වහන්සේ අදහගත්තෝය. නු
මුත් ඔවුන්ගෙන් සමහරෙක් ඵරිසීන්
ලඟට ගොස්, යේසුස්වහන්සේ විසින්
කල ක්‍රියාවල් ඔවුන්ට කීවෝය.

47. එකල නායකපූජකයෝද ඵරි
සිවරුද සභාව එකතුකරවා, "මක්
කරමුද? මේ මනුෂ්‍යයා බොහෝ
48. ආශ්චර්‍ය්‍යවල් කරන්නේය. ඔහුට
කිසි දෙයක් නොකලෙමුනම්, සියල්
ලෝම ඔහු අදහගන්නවා ඇත;
එවිට රෝමවාසීහු ඇවිත්, අපේ ස්ථා
නයත් වර්ගයත් උදුරාගන්නවා ඇ
49. තැයි" කීවෝය. ඒ අවුරුද්දට
උත්තම පූජකවූ කායාඵස්නම් ඔවුන්
ගෙන් එකෙක් ඔවුන්ට කියනුයේ,
"නුඹලා මොකවත් දන්නේ නැත.
50. සියළු වර්ගයා විනාශ නොවෙන
පිනිස, එක් මිනිහෙක් සෙනග නිසා
මලොත් අපට ප්‍රයෝජන ඇති බව
නුඹලා සලකන්නේ නැතැයි" කී
51. යේය. ඔහු ඒ කීම තමාගේ නුව
නින්කීවේ නැත. නුමුත් ඔහු ඒ අවු
රුද්දට උත්තම පූජකව සිට, යේසුස්
වහන්සේ ඒ වර්ගයා නිසා නසින
52. බවත්, ඒ වර්ගයා නිසා පමනක්
නොව දෙවියන්වහන්සේගේ කඩින්
කඩ ගියාවූ දරුවන් එකතැනකට
රැස්කරන බවත්, අනාගත වාක්‍ය
53. යෙන් කීයේය. එදාපටන්, "උන්
වහන්සේ කෙසේ නසමුදැයි" එක්ව
54. මන්ත්‍රනය කලෝය. එහෙයින්
යේසුස්වහන්සේ එතැන්පටන් ප්‍රසිද්ධ
යෙන් යුදෙව්වරුන් අතරෙහි නො
හැසිර, එයින් පිටත්ව වනාන්තරයට
ලඟවූ එප්‍රායිම්නම් නුවරට ගොස්,
තමන් ගෝලයන් සමග එහි සිටි
සේක.

55. එකල යුදෙව්වරුන්ගේ පාස්කු
මංගල්‍යය කිට්ටුවූයේය. බොහෝ
දෙනාද තමන්ගේ පවිත්‍රවීම පිනිස,
පාස්කු මංගල්‍යයට පලමුවෙන් ගම්
වලින් පිටත්ව යෙරුසලමට ගියෝය.
56. ඔවුන් යේසුස්වහන්සේ සොය
මින්, "නුඹලා මක් සිතනවාද? උන්
වහන්සේ මංගල්‍යයට නේද්ද" කිය
මින්, දේවමාලිගාවේ සිට ඔවුනො
57. වුන් කථාකලෝය. නායකපූජක
යෝද ඵරිසිවරුද උන්වහන්සේ අල්
වන පිනිස, ඔහු සිටින තැනක්
යමෙක් දනිතොත් ඒ බව කියනනට
අනකලේය.

12. පරිච්. යේසුස්වහන්සේ
පාස්කු මංගල්‍යයට සදවසකට පලමු
වෙන්, බෙතානියට ගියසේක. මැරු
නායින් පසු උන්වහන්සේ විසින්
මලවුන්ගෙන් නැගිටෙව්වාවූ ලාස
2. රුස් එහි සිටියේය. එහිදී කෑමක්
උන්වහන්සේට පිලියෙලකලෝය
මාර්තා උපස්ථාන කලාය; ලාසරුස්
උන්වහන්සේ සමග කන්නට උනා

3. වූන්ගෙන් එකෙක් වූයේය. එවිට
මරියා බොහෝ මිල වටිනා ජටාමාංශ
තෙලින් රාත්තලක් අරගෙන, යේසුස්
වහන්සේගේ පාදවල ගා, ඈගේ
හිසකෙස්වලින් උන්වහන්සේගේ
පාද පිසදැම්මාය. ගේද තෙලේ සුව
4. ඳින් පිරුණේය. එකල උන්වහන්
සේගේ ගෝලයන්ගෙන් එකෙක්වූ
උන්වහන්සේ පාවාදෙන්නාවූ සී
මොන්ගේ පුත්‍රවූ යූදස් ඉස්කාරි
5. යොත් කියනුයේ, "මේ තෙල තුන්
සියයෙකට විකුණා දිළිඳුන්ට නුදු
6. න්නේ මක්නිසාදැයි?" කීය. ඔහු
සොරෙක් බැවිනුත් පසුම්බිය තබා
එහි තිබුණු මුදල් දුරු බැවිනුත්
මිස, දිළිඳුන් සලකා එසේ කිවේ
7. නැත. එකල යේසුස්වහන්සේ
කියනසේක්, "ඈට වෙහෙස නො
දෙල්ලාය; මාගේ සැරීරය තැන්
පත්කරන දවසට මේ තෙල මැ
8. තිබාගත්තා වූදීය. තව්ද නුබලා
සමග දිළින්දෝ නිතරම ඇත; මම
නුබලා සමග නිතරම නැතැයි"
9. කීසේක. එවිට යුදෙව්වන්ගෙන්
බොහෝ දෙන උන්වහන්සේ එහි
සිටිනසේකැයි දැන, යේසුස්වහන්සේ
පමනක් නොව උන්වහන්සේ විසින්
මලවුන්ගෙන් නැගිටෙව්වාවූ ලාස
10. රුස්ද දකින පිනිස ආවෝය. ලා
සරුස් නිසා යුදෙව්වරු බොහෝ
දෙනෙක් ගොස් යේසුස්වහන්සේ
11. අදහගත් බැවින්, නායකපූජක
යෝ ඔහුද මරන්නට මන්ත්‍රන ක
ළෝය.

12. පසුවද මංගල්‍යයට ආවාවූ
මහත් සමූහයක් "යේසුස්වහන්සේ
යෙරුසලමට එනසේකැයි" අසා,
13. තල් අතු අරගෙන උන්වහන්සේ
ගේ පෙරමගට පිටත්ව ගොස්, "හෝ
සන්නා, ස්වාමීන්වහන්සේගේ නාම
යෙන් එන්නාවූ ඊශ්‍රායෙල්ගේ රජුට
ආසිර්වාදවේවයි" සබ්ද පවත්වමින්
14. කීවෝය. "සියොන්ගේ දුවනි
යෙනි, භයනොවෙන්න; නුබේ රජ
කොටළු පැටියෙක් පිට නැඟී එන
15. සේකැයි" ලියා තිබෙන හැටි
යට, යේසුස්වහන්සේ කොටළු පැටි
යෙක් ලැබ ඌ පිට නැගුනුසේක.
16. උන්වහන්සේගේ ගෝලයෝ
ඒ කාරනා පලමුවෙන් දැනගත්තෝ
නැත; නුමුත් යේසුස්වහන්සේ මහි
මතාවට පැමිනි පසු, උන්වහන්සේ
ගැන මෙසේ ලියා තිබුනු බවද මෙ
සේ උන්වහන්සේට කල බවද සිහි
17. කලෝය. උන්වහන්සේ සො
හොන් ගෙයින් ලාසරුස් පිටතට
කැඳවා මලවුන්ගෙන් නැගිටවූකල,
උන්වහන්සේ සමග සිටියාවූ සමූහයා
18. ඒ ගැන සාක්ෂි දුනෝය. ඒ ආශ්
චර්යය උන්වහන්සේ කලසේකැයි
සමූහයාට ඇසුනු බැවින්, ඔවුන්
උන්වහන්සේගේ පෙරමගට ගියෝය.
19. එකල ඵරිසිවරු ඔවුනොවුන්
කථාකරගනිමින්, "නුබලා කරන
දේ නිස්ප්‍රයෝජන බව නුබලාට
නොපෙනේද? ලෝකයා ඔහු පස්
සේ ගියායයි" කීවෝය.

20. නමස්කාර කරන පිනිස මංග
ල්‍යයට ආවුන් අතරේ සමහර ග්‍රීක
21. යෝ සිටියෝය. ඔවුන් ගලිල
යෙහි බෙත්සෙයිද නුවර වැසිවූ පිලිප්
ලඟට පැමින, "ස්වාමීනි, යේසුස්ව
හන්සේ දකින්ට කැමැත්තෙමුයයි"
22. කීවෝය. පිලිප් ගොස් අන්ද්‍රෑට
කීයේය. එවිට අන්ද්‍රෑද පිලිප්ද
23. යේසුස්වහන්සේට කීවෝය. යේ
සුස්වහන්සේ ඔවුන්ට උත්තර දෙ
මින්, "මනුෂ්‍ය පුත්‍රයාට ගෞරව
24. ලැබෙන කාලය පැමිනුනේය. සැ
බවක් සැබවක් නුබලාට කියමි,
ගෝධුම ඇටය බිම වැටී නොම
ලොත්, තනියම තිබෙන්නේය. ම
ලොත් බොහෝ ඵල දෙන්නේය.
25. තමන්ගේ ජීවිතයට ප්‍රිය වෙන
තැනැත්තේ ඒක නසාගන්නේය.
මේ ලෝකයෙහි තමන්ගේ ජීවිත

යට ප්‍රිය නොවෙන තැනැත්තේ සදා
කාලයටම ඒක රක්‍ෂාකරගන්නේය.
26. යමෙක් මට සේවය කෙරේනම්
ඔහු මා පස්සේ ඒවා. මම යම් තැනක
සිටිම්ද, එතන මාගේ සේවකයාද
සිටින්නේය. යමෙක් මට සේවනකෙ
රේනම්, ඔහුට මාගේ පියානන්වහන්
27. සේ ගෞරවකරනසේක. දැන්
මාගේ සිත කැලඹෙනේය; කුමක්
කියම්ද? පියානන්වහන්ස, මේ පැ
යින් මා ගැලෙව්වමැනව; නුමුත්
මේ පිනිසම මේ පැයට පැමිණුනු
28. නෙමි. පියානන්වහන්ස, ඔබ
ගේ නාමය ගෞරවයට පැමිණෙව්ව
මැනවයි" කීසේක. එවිට "ගෞරව
යට පැමිණෙව්වෙමි; නැවතද ගෞරවයට
පමුනුවන්නෙමියි" අහසෙන් ශබ්ද
29. යක් විය. ලඟ සිටියාවූ සමූහය
ඒ අසා, "අහස ගොරවන්නේයයි"
කීයේය. තවත් සමහරෙක්, "දේව
දූතයෙක් උන්වහන්සේ සමග කථා
30. කෙළේයයි" කීවෝය. යේසුස්ව
හන්සේ කියනසේක්, "ඒ ශබ්දය
මානිසා නොව, නුබලා නිසා පැමිණි
31. යේය. මේ ලෝකයෙහි විනිශ්චය
දැන් පැමිණෙන්නේය. දැන් මේ ලෝ
කයේ මූලාදෘනියා දුරුකරනු ලැබේ.
32. මම භූමියෙන් ඔසවාගනු ලැබ්ම
නම්, සියල්ලන්ම මා ලඟට ඇදගනි
33. මියි" කීසේක. මෙසේ කීවේ,
තමන්වහන්සේගේ මරනය කෙසේ
34. දැයි දක්වන පිනිසය. සමූහයා
උන්වහන්සේට උත්තර දෙමින්,
"ක්‍රිස්තුස්වහන්සේ සදාකල් සිටින
කෙනෙකැයි අපි ව්‍යවස්ථාවෙන් ඇසි
මුව. එසේවිනම්, 'මනුෂ්‍ය පුත්‍රයා
ඔසවනු ලැබිය යුතුයයි' නුබවහන්
සේ කියන්නේ කොහොමද? ඒ මනු
35. ෂ්‍ය පුත්‍රයා කවුදැයි" කීයේය. එ
විට යේසුස්වහන්සේ ඔවුන්ට කියන
සේක්, "තව ස්වල්ප වේලාවක්
ආලෝකය නුබලා සමග ඇත. අඳු
රෙහි ඇවිද්න තැනැත්තේ කොතන
යන්නේදැයි දන්නේ නැත. එබැවින්
අන්ධකාරය නුබලාට නොපැමිණෙන
පිනිස, නුබලාට ආලෝකය තිබෙන
36. කල ඇවිදපල්ලාය. නුබලා ආ
ලෝකයෙහි පුත්‍රයෝවන පිනිස, ආ
ලෝකය නුබලාවතිබෙනකල ආලෝ
කය විශ්වාසකරපල්ලායයි" කීසේක.
යේසුස්වහන්සේ මෙසේ කියා, ඔවුන්
කෙරෙන් ගොස් සැඟවී සිටිසේක.
37. ඔවුන් ඉදිරියෙහි උන්වහන්සේ
මෙපමන ආශ්චර්යවල් කල නුමුත්,
ඔවුන් උන්වහන්සේ අදහාගත්තේ
38. නැත. එසේ සිඬවුනේ, "ස්වාමීන්
වහන්ස, අපගේ වචන අදහාගත්තේ
කවුද? ස්වාමීන්වහන්සේගේ අත
කාට ප්‍රකාසකරනලද්දේදැයි" යෙස
යියා අනාගතවක්තෘහුගේ කීම සම්පූ
39. ර්ණවෙන පිනිසය. තවද ඔවුන්
ට අදහාගන්ට නුපුළුවන්විය; මක්නි
සාද යෙසායියා නැවතත් කියන්නේ
40. "ඔවුන්ගේ ඇසින් නොදකින
පිනිසද, හිතෙන් තේරුම් නොගන්
නා පිනිසද, හරවාගනු නොලබන
පිනිසද, මා විසින් සුවකරනු නොල
බන පිනිසද, ඔවුන්ගේ ඇස් අන්ධ
කොට ඔවුන්ගේ හිත් දෘඩකලසේ
41. කැයි" කීයේය. යෙසායියා උන්
වහන්සේගේ මහිමතාව දැක, උන්
වහන්සේ ගැන කථාකරමින් මේ
42. කාරනා කීයේය. එසේ නුමුත්
ප්‍රධානීන්ගෙන් බොහෝ දෙන උන්ව
43. හන්සේ අදහාගත්තෝය; නුමුත්
සිනගෝගයෙන් දුරුකරනු නොලබ
න පිනිස, ඵරිසීන් නිසා ඒ ඇදහීම
ප්‍රකාසකලේ නැත. මක්නිසාද,
ඔවුන් දෙවියන්වහන්සේගේ ප්‍රසං
සාවට වඩා මනුෂ්‍යයන්ගේ ප්‍රසංසා
44. වට කැමතිවූවෝය. යේසුස්ව
හන්සේ ශබ්ද පවත්වමින් කියන
සේක්, "මා අදහන තැනැත්තේ මා
නොව මා එවූ උන්වහන්සේ අදහන්
45. නේය. මා දකින තැනැත්තේ
මා එවූ උන්වහන්සේ දකින්නේය.

46. මා අදහන සියල්ලෝ අන්ධකාර
යෙහි නොසිටින පිණිස, මම ලොවට
47. ආලෝකයක්ව ආවෙමි. මම ලෝ
කය ගලවන්ට මිස ලෝකයා විනිශ්
චයකරන්ට නා බැවින්, යමෙක්
මාගේ වචන අසා අදහ නොගනොත්
නම් ඔහු විනිශ්චය නොකෙරෙමි.
48. මා එපාකොට මාගේ වචන පිළි
නොගන්නාවූ තැනැත්තා විනිශ්චය
කරන්නෙක් ඇත. මම කී වචනම
ලින්ම ඔහු අන්තිම දවසේදී විනිශ්
49. චයකරනු ලබනවා ඇත. මක්නි
සාද මාගේ කැමැත්තෙන් කථානො
කලෙමි; නුමුත් මා එවූ පියානන්වහන්
සේම මා විසින් කියයුතු කුමක්ද,
කථාකලයුතු කුමක්දැයි මට අනදුන්
50. සේක. උන්වහන්සේගේ අනනම
සදාකාල ජීවනයයි දනිමි; එහෙයින්
මම කියන දේ පියානන්වහන්සේ
මට කියාදුන් ලෙසම කියමියි”
කීසේක.

13. පරිච්ඡේ. යේසුස්වහන්සේ මේ
ලෝකයෙන් පිටත්ව පියානන්වහන්
සේ ලඟට තමන්වහන්සේ යන කා
ලය පැමුනුනේයයි පාස්කුමංගල්‍ය
යට පලමුවෙන් දැන, ලෝකයෙහි
සිටියාවූ තමන්ගේ සෙනගට ප්‍රේම
කොට කෙලවර දක්වා එවුන්ට ප්‍රේම
2. කලසේක. උන්වහන්සේ පාවා
දෙන්ට සීමෝන්ගේ පුත්‍රවූ යූදස්
ඉස්කාරියෝතන්ට සාතන් සිත් ඉපදවූ
3. පසු, රාත්‍රි කෑම කද්දීම, යේසුස්ව
හන්සේ පියානන්වහන්සේ විසින්
තමන්ගේ අතට සියල්ල දුන් බවද,
තමන් දෙවියන්වහන්සේ ලඟින් ආ
බවද, දෙවියන්වහන්සේ ලඟට යන
4. බවද දැන, රාත්‍රි කෑමෙන් නැගිට,
සළුව මුදා තබා, රෙදිකඩක් අරගෙන
5. ඉනවියෙහි බැඳගෙන, භාජනයක
වතුර වත්කොට, ගෝලයන්ගේ පා
සෝදන්ටත් තමන්ගේ ඉනවියෙහි
බැඳගත් රෙදිකඩින් පිසදවන්ටත්
6. පටන්ගත්සේක. සීමොන් පේත්‍රුස්
ලඟට උන්වහන්සේ ආකල, “ස්වාමී
නි, ඔබවහන්සේ මාගේ පා සෝදන
7. සේක්දැයි” පේත්‍රුස් කීයේය. යේ
සුස්වහන්සේ උත්තර දෙමින්, “මම
කුමක් කෙරෙම්දැයි දැන් නුබට දැනෙ
නෙන් නැත; නුමුත් මතු දැනෙන්
8. නේයයි” ඔහුට කීසේක. පේත්‍රුස්
ද, “ඔබවහන්සේ කවදාවත් මාගේ
පා නොසෝදනසේක්වයි” උන්ව
හන්සේට කීයේය. යේසුස්වහන්සේ
උත්තර දෙමින්, “නුබ නොසෝදන්
නොම්නම්, මා සමග කොටසක් නුබ
9. ට නැතැයි” කීසේක. සීමොන්
පේත්‍රුස් උන්වහන්සේට කියනුයේ,
“ස්වාමීනි, මාගේ පා පමනක් නොව,
අත් දෙකත් හිසත් සමග සේදුවමැ
10. නවයි” කීයේය. යේසුස්වහන්සේ
ඔහුට කියනසේක්, “නෑවාවූ තැනැ
ත්තෝ සියළු අන්දමෙන් පවිත්‍රය;
පා සේදීම මිස වෙන දේකින් ඔහුට
කමක් නැත. නුබලා පවිත්‍ර අයවල්
ය; නුමුත් නුබලා සියල්ලෝම එසේ
11. නොවෙතියි” කීසේක. තමන්
පාවාදෙන්නා දැනගත් නිසා, “නුබ
ලා සියල්ලෝම පවිත්‍ර නොවෙතියි”
12. කීසේක. උන්වහන්සේ ඔවුන්ගේ
පා සෝද, සළුව ඇඳගෙන නැවත
හිඳ ඔවුන්ට කියනසේක්, “මම නුබ
ලාට කෙලේ මොකදැයි නුබලා දනිද්
13. ද? නුබලා ‘ආචාරීනි, ස්වාමීනියි’
මට කියති; ඒක නුබලා කියනවා
14. හරිය; එසේ වෙමි. එසේවිනම්,
ස්වාමීවූ ආචාර්‍ය්‍යවූ මම නුබලාගේ පා
සේදූ බැවින්, නුබලා විසිනුත් ඔවු
නොවුන්ගේ පා සෝදන්ට යුතුය.
15. මම නුබලාට කල ලෙස නුබලාත්
කරන පිණිස, නුබලාට ආදර්ශයක්
16. දුනිමි. සැබවක් සැබවක් නුබ
ලාට කියමි, වැඩකාරයා තමාගේ
ස්වාමියාට වඩා උතුම් නැත; යවන
ලද තැනැත්තේද තමන් යැවූ තැනැ
17. ත්තාට වඩා උතුම් නැත. මේ

දේ නුබලා දැන, ඒවා කරනවා නම්
වාසනාවන්තයෝය.
18. "නුබලා සියල්ලන් ගැන
නොකියමි. මම තෝරාගත්තවුන්
දනිමි; නුමුත් 'මා සමග කෑම කන්
නා මට විරුඬව විළුඹ එසවූයේයයි'
ලියා තිබෙන කාරනාව සම්පූර්ණ
19. වන්නේය. ඒක පැමිණෙන කල
මම ඔහුමයයි නුබලා අදහන පිනිස,
දැන් ඒක පැමිණෙන්ට පලමුවෙන්
20. නුබලාට කීමි. සැබවක් සැබවක්
නුබලාට කියමි, මා විසින් එවන
කෙනෙක් පිළිගන්නා මා පිළිගන්
නේය; මා පිළිගන්නා මා එවූ උන්
වහන්සේ පිළිගන්නේයයි" කීසේක.
21. යේසුස්වහන්සේ මෙසේ කියා
කැලඹුනාවූ සිත් ඇතිව, "සැබවක්
සැබවක් නුබලාට කියමි, නුබලා
ගෙන් එකෙක් මා පාවාදෙන්නේ
22. යයි" ප්‍රසිඬලෙස කීසේක. එවිට
කවුරු ගැන කීසේක්දැයි ගෝලයෝ
සැකකොට, ඔවුනොවුන් දෙස බැළු
23. වෝය. යේසුස්වහන්සේගේ ගෝ
ලයන්ගෙන් තමන්වහන්සේට ප්‍රියවූ
එකෙක්, උන්වහන්සේගේ ලැපැත්ත
24. ලඟ හාන්සිවී සිටියේය. සීමොන්
පේත්‍රුස් උන්වහන්සේ කා ගැන
කථාකලසේක්දැයි, අහන්ට ඔහුට
25. සංඥාකලේය. එවිට ඔහු යේසුස්
වහන්සේගේ ලැපැත්තේ හාන්සිව,
"ස්වාමිනි, ඒ කවුදැයි" උන්වහන්සේ
26. ගෙන් ඇසුයේය. යේසුස්වහන්
සේ උත්තර දෙමින්, "මම කෑබෙල්
ලක් පොඟවා යමෙකුට දෙම්ද, ඒ
ඔහුමයයි" කියා, කෑබෙල්ලක් පො
ඟවා සීමොන්ගේ පුත්‍රවූ යූදස් ඉස්
27. කාරියොත්ට දුන්සේක. ඔහු
කෑබෙල්ල ගත් පසු, සාතන් ඔහුට
වැදුනේය. එවිට යේසුස්වහන්සේ,
"නුබ කරන දේ හනික කරපන්
28. නැයි" ඔහුට කීසේක. ඒ වචන
ඔහුට මක්නිසා කීසේක්දැයි, සමග
උන්නාවුන්ගෙන් කවුරුවත් දැන
29. ගත්තේ නැත. සමහරෙක්, යූදස්
පසුම්බිය දරුබැවින් යේසුස්වහන්සේ
මංගල්‍යයට සුදුසු දේ මිලදී ගනි
නනැයි, නොහොත් දිළිඳුන්ට මො
කවත් දීපන්නැයි ඔහුට කීසේකැයි
30. සිතුවෝය. ඔහු කෑබෙල්ල ගත්
වේලේම, පිටත ගියේය; එකල රාත්‍රි
යද වීය.
31. ඔහු ගියකල යේසුස්වහන්සේ
කියනසේක්, "මනුෂ්‍ය පුත්‍රයා දැන්
ගෞරවයට පැමුනුනේය; දෙවියන්
වහන්සේද ඔහු නිසා ගෞරවයට
32. පැමුනුනසේක. දෙවියන්වහන්
සේ ඔහු නිසා ගෞරවයට පැමිණි
සේක්නම්, දෙවියන්වහන්සේද තම
න්වහන්සේ නිසා මනුෂ්‍යපුත්‍රයා ගෞ
රවයට පමුනුවනසේක; තවද හනික
ඔහු ගෞරවයට පමුනුවනසේක.
33. දරුවෙනි, තව ටික වේලාවක්
නුබලා සමග සිටිමි. නුබලා මා සො
යනවා ඇත. නුමුත් 'මම යන තැනට
එන්ට නුබලාට බැරියයි' යුදෙව්ව
රුන්ට මම කීලෙසම, දැන් නුබලා
34. ටත් කියමි. නුබලා ඔවුනොවුන්
ට ප්‍රේමකරපල්ලාය; මම නුබලාට
ප්‍රේමකල ලෙසම නුබලාත් ඔවුනො
වුන්ට ප්‍රේමකරපල්ලායයි, අළුත්
35. අනස් නුබලාට දෙමි. නුබලා
ඔවුනොවුන්ට ප්‍රේම කෙරෙත්නම්,
එයින් නුබලා මාගේ ගෝලයෝයයි
සියල්ලෝ දැනගන්නවා ඇතැයි"
කීසේක.
36. සීමොන් පේත්‍රුස් කථාකොට,
"ස්වාමිනි, කොතනට යනසේක්
දැයි" උන්වහන්සේගෙන් ඇසුයේය.
යේසුස්වහන්සේ ඔහුට උත්තර දෙ
මින්, "මම යන තැනට දැන් මා සම
ග යන්ට නුබට බැරිය; නුමුත් පසුව
මා සමග යන්නේයයි" කීසේක.
37. පේත්‍රුස්ද, "ස්වාමිනි, දැන් ඔබ
වහන්සේ සමග යන්ට මට බැරි මක්
නිසාද? ඔබවහන්සේ නිසා මාගේ
ප්‍රාණය දෙමියි" උන්වහන්සේට

38. කීයේය. යේසුස්වහන්සේ ඔහුට
උත්තර දෙමින්, නුඹේ ප්‍රාණය මා
නිසා දෙන්නේද? සැබවක් සැබවක්
නුඹට කියමි, කුකුළා හඬලන්ට පල
මුවෙන්, නුඹ තුන්වරක් ‘ඔහු නාඳු
නමියි’ මා ගැන කියන්නේයයි”
කීසේක.

14. පරිච්ඡේ. “නුඹලාගේ සිත්
කැලඹෙනනට නොදෙල්ලාය; දෙවි
යන්වහන්සේ අදහපල්ලාය; මාත්
2. අදහපල්ලාය. මාගේ පියානන්ව
හන්සේගේ ගෙයි බොහෙයක් වාස
ස්ථාන ඇත; නැත්නම් නුඹලාට ඒ
බව කියමි. නුඹලාට ස්ථානයක් පිළි
3. යෙලකරන්ට යමි. මම ගොස්
නුඹලාට ස්ථානයක් පිළියෙල කෙ
රෙමිනම්, මම සිටින තැන නුඹලාත්
සිටිනා පිනිස, මම නැවත ඇවිත්
4. නුඹලා මා ළඟට ගනිමි. මම යන
ස්ථානය නුඹලා දනිති; මාර්ගයද
5. දනිතියි” කීසේක. තෝමස්ද,
“ස්වාමිනි, ඔබවහන්සේ කොතනට
යනසේක්දැයි අපි දන්නේ නැත.
මාර්ගය දැනගන්නට පුළුවන් කො
හොමදැයි” උන්වහන්සේට කීය.
6. යේසුස්වහන්සේ ඔහුට කියන
සේක්, “මාර්ගයද, සැබෑකමද, ජීව
නයද මමය. මා කරනකොටගෙන
මිස, කවුරුවත් පියානන්වහන්සේ
7. ළඟට යන්නේ නැත. නුඹලා මා
ඇඳින්නෝනම්, මාගේ පියානන්ව
හන්සේද අඳුනති. මෙතැන් පටන්
නුඹලා උන්වහන්සේ හඳුනති; දුටු
8. වෝද වෙතියි” කීසේක. පිලිප්ද,
“ස්වාමිනි, පියානන්වහන්සේ අපට
දක්වුවමැනව; එපමන අපට ඇ
9. තැයි” උන්වහන්සේට කීය. යේසු
ස්වහන්සේ ඔහුට කියනසේක්, “පි
ලිප්, මම මෙපමන කල් නුඹලා
සමග සිටියෙමි; නුඹත් මා නැඳින්
නේද? මා දුටු තැනැත්තේ පියානන්
වහන්සේ දුටුයේය; එසේවිනම්,
‘පියානන්වහන්සේ අපට දක්වුව
මැනවයි’ කියන්නේ කොහොමද?
10. මම පියානන්වහන්සේ ඇතුලෙ
හිද, පියානන්වහන්සේ මා ඇතුලෙ
හිද ඇතැයි අදහන්නේ නැද්ද? මම
නුඹලාට කියන වචන මමම නොකි
යමි. තවද මා ඇතුලෙහි සිටින්නාවූ
පියානන්වහන්සේම ඒ ක්‍රියාවල් කර
11. නසේක. මම පියානන්වහන්සේ
ඇතුලෙහිත්, පියානන්වහන්සේ මා
ඇතුලෙහිත් සිටිනසේකැයි අදහග
නිල්ලාය. එසේ නැත්නම්, ක්‍රියාවල්
12. නිසා මා අදහගනිල්ලාය. සැබ
වක් සැබවක් නුඹලාට කියමි, මා
අදහගන්නා මම කරන ක්‍රියාවලත්
කරන්නේය. මම මාගේ පියානන්ව
හන්සේ ළඟට යන නිසා, ඊට වඩා
මහත් ක්‍රියාවලත් කරන්නේය.
13. නුඹලා මාගේ නාමයෙන් යමක්
ඉල්වනවානම්, පුත්‍රයා නිසා පියාන
න්වහන්සේ ගෞරව ලබන පිනිස,
14. මම ඒක කෙරෙමි. නුඹලා මාගේ
නාමයෙන් යමක් ඉල්වනවානම්,
15. ඒක මම කෙරෙමි. නුඹලා මට
ප්‍රේම ඇත්නම්, මාගේ ආඥාවල්
16. රක්ෂාකරපල්ලාය. මමද පියාන
න්වහන්සේගෙන් ඉල්ලන්නෙමි; එවි
ට උන්වහන්සේ වෙන සැනසිලිකා
රයෙක් නුඹලා සමග සදාකල්ම සි
17. ටින්ට නුඹලාට දෙනසේක; ඒ
සැනසිලිකාරයා සැබෑකමෙහි ආත්
මයානන්වහන්සේය. ලෝකයා උන්
වහන්සේ දකින්නේවත් අඳුනන්
නේවත් නැත; ඒ නිසා උන්වහන්
සේ පිලිගන්ට ලෝකයාට බැරිය.
නුමුත් උන්වහන්සේ නුඹලා සමග
සිටිනබැවින්ද නුඹලා ඇතුලෙහි වසන
බැවින්ද, නුඹලා උන්වහන්සේ අඳුනති.
18. නුඹලා අසරනව නාරිමි; නුඹලා
19. ළඟට එමි. තව ටික වේලාවකින්
ලෝකයා මා දකින්නේනැත; නුමුත්
නුඹලා මා දකිති. මම ජීවත්වෙන
බැවින්, නුඹලාත් ජීවත්වෙනවා

20. ඇත. ඒ දවසේ, මම පියානන්ව
හන්සේ ඇතුලෙහිත්, නුඹලා මා ඇ
තුලෙහිත්, මම නුඹලා ඇතුලෙහිත්
සිටින බව, නුඹලා දන්නවා ඇත.
21. යමෙක් මාගේ ආඥාවල් පිළි
ගෙන රක්ෂාකරන්නේනම්, ඔහු මට
ප්‍රේම කරන්නේය; යමෙක් මට ප්‍රේම
කරන්නේනම්, ඔහුට මාගේ පියා
නන්වහන්සේ ප්‍රේමකරනසේක. මමද
ඔහුට ප්‍රේමකරන්නෙමි; මා ඔහුට ප්‍ර
22. කාශකරන්නෙමියි" කීසේක. ඉස්
කාරියොත් නොවූ යූදස්ද, "ස්වාමිනි,
ඔබවහන්සේ විසින් ලොවට තමන්
ව ප්‍රකාශ නොකොට, අපට ප්‍රකාශ
කරන්නේ කොහොමදැයි" උන්ව
23. හන්සේගෙන් ඇසුයේය. ජේසුස්
වහන්සේ උත්තර දෙමින්, "යමෙක්
මට ප්‍රේමකරන්නේනම්, ඔහු මාගේ
වචනය රක්ෂාකරන්නේය. මාගේ
පියානන්වහන්සේද ඔහුට ප්‍රේමකර
නසේක; අපි ඔහු ලඟට ඇවිත් ඔහු
24. සමග වාසයකරමුව. මට ප්‍රේම
නොකරන තැනැත්තා මාගේ වචන
රක්ෂාකරන්නේ නැත. නුඹලා අසන
වචනය මා එවූ පියානන්වහන්සේගේ
25. මිස, මාගේ නොවේය. මම නුඹ
ලා සමග සිටිද්දීම, මේ කාරනා නුඹ
26. ලාට කීමි. තවද මාගේ නාම
යෙන් පියානන්වහන්සේ එවන
ශුද්ධාත්මනම් සැනසිලිකාරයානන්ව
හන්සේ නුඹලාට සියල්ල උගන්වා,
මා විසින් නුඹලාට කියනලද සියල්ල
27. නුඹලාට සිහිකරවනසේක. නුඹ
ලා වෙත සමාදානය තබා යමි; මා
ගේ සමාදානය නුඹලාට දෙමි; ලෝ
කයා දෙන්නාක්මෙන් නුඹලාට
නොදෙමි. නුඹලාගේ සිත් කැල
ඹෙන්ට නොදෙල්ලාය; භයනො
28. වෙල්ලාය. 'මම අහක්ව ගොස්
නුඹලා ලඟට නැවත එමියි' මම නු
ඹලාට කී බව නුඹලාට ඇසුනේය.
නුඹලා මට ප්‍රේම කරනවානම්, 'මා
ගේ පියානන්වහන්සේ ලඟට යමියි'
මා විසින් කී බවට සන්තෝස වෙන
වා ඇත. මක්නිසාද, මාගේ පියාන
න්වහන්සේ මට වඩා උතුම් කෙනෙ
29. ක. ඒ දේ සිද්ධවෙන කල නුඹලා
අදහගන්නා පිනිස, දැන් සිද්ධවෙන්ට
30. පලමුවෙන් නුඹලාට කීමි. මෙ
තැන් පටන් නුඹලා සමග බොහෝ
කොට කථානොකරමි. මක්නිසාද,
මේ ලොවට මුලාදෑනියා එන්නේය;
නුමුත් ඔහුට මා ඇතුලේ කිසි දෙ
31. යක් නැත්තේය. එහෙත් මේ
දේ සිද්ධවෙන්නේ, පියානන්වහන්
සේට මම ප්‍රේමකරන බවද, පියානන්
වහන්සේ මට අනකල ලෙස මම
කරන බවද, ලෝකයා දැනගන්නා
පිනිසය. නැගිට මෙතනින් යමුයයි"
කීසේක.

15. පරිච්ඡේ. "සැබෑවූ මිදි වැල
මමය; මාගේ පියානන්වහන්සේ ඒක
2. රක්ෂාකරන්නාය. මා ඇතුලෙහිවූ
එල නොදෙන සියළු අතු උන්වහන්
සේ කපාදමනසේක; එලගන්නාවූ
සියළු අතු වඩා එලගන්නා පිනිස
3. පවිත්‍රකරනසේක. මා විසින් නුඹ
ලාට කියනලද වචනයෙන් නුඹලා
4. පවිත්‍රය. මා ඇතුලෙහි සිටපල්
ලාය; මමද නුඹලා ඇතුලෙහි සිටිමි.
අත්තක් මිදි වැලෙහි නොපවතී
නම් තනියම එලගන්නට බැරුවා
වාගේ, නුඹලා මා ඇතුලේ නොපව
තින්නම් එලගන්නට නුඹලාට බැ
5. රිය. මිදි වැල මමය; නුඹලා
අතුය. යමෙක් මා ඇතුලේ සිටින්
නේද, මම ඔහු ඇතුලේ සිටිම්ද,
ඔහු බොහෝ එලගනියි. මක්නිසාද,
මාගෙන් වෙන්ව කිසිවක් කරනනට
6. නුඹලාට බැරිය. යමෙක් මා ඇතු
ලේ නොපවතීනම්, ඔහු වේලී ගිය
අත්තක් වාගේ පිටත දමනු ලැබේ.
එබඳු අතු එක්කොට ගින්නේ දමා
7. දවනු ලැබෙත්. නුඹලා මා ඇතු
ලේ සිටිනවානම්, මාගේ වචන නුඹ

ලා ඇතුළේ පවතීනම්, තුබලා යමක්
කැමතිව ඉල්ලුවොත් ඒදේ තුබලාට
8. දෙනු ලැබේ. තුබලා බොහෝ
ඵලගැනීමෙන් මාගේ පියානන්වහන්
සේට ගෞරව ඇත; එයින් තුබලා
මාගේ ගෝලයෝද වෙනවා ඇත.
9. පියානන්දහන්සේ මට ප්‍රේමක
ළාක්මෙන්, මමත් තුබලාට ප්‍රේම
කෙළෙමි; මාගේ ප්‍රේමයෙහි සිටපල්
10. ලාය. මම මාගේ පියානන්වහන්
සේගේ ආඥාවන් රක්ෂාකොට උන්ව
හන්සේගේ ප්‍රේමයෙහි යම්සේ සිටිම්
ද, එසේම තුබලාත් මාගේ ආඥාවල්
රක්ෂාකරනවානම් මාගේ ප්‍රේමයෙහි
11. සිටිනවා ඇත. තුබලා කෙරෙහි
මාගේ ප්‍රීතිය පවතින පිණිසද, තුබ
ලාගේ ප්‍රීතිය සම්පූර්ණවෙන පිණි
සද, මේ කාරනා තුබලාට කීමි.
12. මම තුබලාට ප්‍රේම කළාක්මෙන්,
තුබලාත් ඔවුනොවුන්ට ප්‍රේම කර
පල්ලාය; මාගේ ආඥාවනම් මේය.
13. යමෙක් තමාගේ මිත්‍රයන් වෙනු
වට තමාගේ ප්‍රානය දුනිනම්, ඊට
වඩා ප්‍රේමයක් කාටවත් ඇත්තේ
14. නැත. මම තුබලාට ආඥාකරන්
නාවූ දේ තුබලා කරනවානම්, තුබ
15. ලා මාගේ මිත්‍රයෝ වෙති. වැඩ
කාරයා තමාගේ ස්වාමියා මක්කරන්
නේදැයි නොදන්නා බැවින්, මෙයින්
මතු තුබලාට වැඩකාරයෝයයි නො
කියමි. තවද මාගේ පියානන්වහන්
සේගෙන් මම ඇසූ සියල්ල තුබලාට
දැන්වූ බැවින්, තුබලා මිත්‍රයෝයයි
16. කීමි. තුබලා මා තෝරාගත්තේ
නැත; තුබූත් මාගේ නාමයෙන්
පියානන්වහන්සේගෙන් තුබලා ය
මක් ඉල්ලුවොත් ඒ ඒ දේ උන්වහන්
සේ තුබලාට දෙන පිණිසද, තුබලා
ගොස් ඵලගන්නා පිණිසද, තුබලා
ගේ ඵල පවතින පිණිසද, මම තුබ
ලා තෝරාගෙන නියමකෙළෙමි.
17. "ඔවුනොවුන්ට ප්‍රේම කරපල්
ලායයි තුබලාට ආඥාකෙරෙමි.

18. ලෝකයා තුබලාට වෛර වන්
නේනම්, තුබලාට පළමුවෙන්
මට වෛරවූයේයයි දැනගනිල්ලාය.
19. තුබලා ලෝකයාගේ පක්ෂයට
වූනොත්, ලෝකයා තමාගේ පක්ෂ
යට සිටින අයවළුන්ට ප්‍රේමකරන්
නේය. තුබූත් තුබලා ලෝකයාගේ
පක්ෂයට නොසිටින නිසාත්, මම
ලෝකයාගෙන් තුබලා තෝරාගත්
නිසාත්, ලෝකයා තුබලාට වෛර
20. වෙති. 'වැඩකාරයා තමාගේ
ස්වාමියාට වඩා උතුම් නැතැයි' මා
විසින් තුබලාට කී වචනය සිහිකර
පල්ලාය. ඔවුන් මට පීඩාකළෝනම්,
තුබලාටත් පීඩාකරනවා ඇත; මා
ගේ වචනවල් රක්ෂාකළෝනම්, තුබ
ලාගේ වචනවළුත් රක්ෂාකරනවා
21. ඇත. තුබූත් ඔවුන් මා එවූ උන්
වහන්සේ නාදුනන බැවින්, මාගේ
නාමය නිසා මේ සියල්ල තුබලාට
22. කරනවා ඇත. මම ඇවිත් ඔවුන්
ට කථානොකෙළෙම්නම්, ඔවුන්ට
පාපයක් නුවූයේය; දැන් ඔවුන්ගේ
23. පාපයට වැස්මක් නැත. මට
වෛරවෙන්නා මාගේ පියානන්වහන්
24. සේටත් වෛරවේ. මම ඔවුන්
අතරෙහි වෙන කාටවත් කරන්නට
බැරි ක්‍රියාවන් නොකෙළෙම්නම්,
ඔවුන්ට පාපයක් නුවූයේය. දැන්
ඔවුන් ඒ දැකත් මටද මාගේ පියා
නන්වහන්සේටද වෛරවූනෝය.
25. 'කාරණවක් නැතුව මට වෛරවූ
නෝයයි' ඔවුන්ගේ ව්‍යවස්ථාවෙහි
ලියාතිබෙන වචනය මෙසේ සම්පූ
26. ර්ණවිය. තුබූත් පියානන්වහන්
සේ කෙරෙන් පිටත්ව එන්නාවූ සැබෑ
කමෙහි ආත්මයවූ, සැනසිලිකාරයා
ණන්වහන්සේ පියානන්වහන්සේ කෙ
රෙන් තුබලා ලඟට එවමි. උන්වහන්
සේ ආකල මා ගැන සාක්ෂිදෙනසේ
27. ක. තුබලාත් පටන්ගැන්මේ සිට
මා සමග සිටිය බැවින්, සාක්ෂි දෙන
වා ඇත.

16. පරිච්ඡේ. "නුඹලා බාධාවනු
නොලබන පිණිස මේ කාරනා නුඹ
2. ලාට කීමි. ඔවුන් සිනගෝගව
ලින් නුඹලා අහක්කරනවා ඇත.
ඒපමනක්නොව, නුඹලා මරන්නාවූ
සියල්ලෝ ඒ මැරීම තමන් විසින්
දෙවියන්වහන්සේට කරන පූජාව
කැයි සිතන කාලය පැමිණෙන්
3. නේය. ඔවුන් පියානන්වහන්සේත්
මාත් නාඳුනන බැවින්, ඒ දේ නුඹ
4. ලාට කරනවා ඇත. තවද ඒ කා
ලය පැමිනිකල මම මේවා නුඹලාට
කී බව සිහිවෙන පිණිස, මේ කාරනා
නුඹලාට කීමි. නුමුත් පටන්ගැන්මෙ
සිට නුඹලා සමග සිටිය බැවින්, මේ
5. කාරණා නුඹලාට නොකීමි. දැන්
මා එවූ උන්වහන්සේ ලඟට යමි;
'කොතනට යනසේක්දැයි' නුඹලා
අතරෙහි කවුරුවත් මාගෙන් අහන්
6. නේ නැත. නුමුත් මේ කාරණා නු
ඹලාට මම කී බැවින්, නුඹලාගේ
සිත් ශෝකයෙන් පිරී තිබෙනේය.
7. "එසේ නුමුත් මම සැබෑව
නුඹලාට කියමි; මාගේ අහක්ව යා
මෙන් නුඹලාට ප්‍රයෝජන ඇත.
මක්නිසාද, මම අහක්ව නොගියෙම්
නම්, සැනසිලිකාරයානන්වහන්සේ
නුඹලා ලඟට එන්නේ නැත; නුමුත්
මම අහක්ව ගියෙම්නම්, උන්වහන්
8. සේ නුඹලා ලඟට එවමි. උන්ව
හන්සේ ආකල, පාපය ගැනද, ධර්මි
ෂ්ඨකම ගැනද, විනිශ්චය ගැනද,
9. ලෝකයාට දන්වාදෙනසේක. 'පා
පය ගැනය' කීවේ, ඔවුන් මා නො
10. අදහන බවය. 'ධර්මිෂ්ඨකම ගැ
නය' කීවේ, මාගේ පියානන්වහන්
සේ ලඟට යෙමි, එසින් පසු නුඹලා
11. මා නොදක්නා බවය. 'විනිශ්ච
ය ගැනය' කීවේ, මේ ලෝකයෙහි
මූලාදූනියා විනිශ්චයකරනු ලබන
12. බවය. මා විසින් නුඹලාට කියයු
තුවූ වෙනත් බොහෝ කාරණා ඇත;
දැන් ඒවා දරන්ට නුඹලාට බැරිය.
13. එසේ නුමුත් සැබෑකමෙහි ආත්
මයානන්වහන්සේ ආකල, උන්වහන්
සේ නුඹලා සියළු සැබෑකමෙහි මාර්ගි
යට පමුනුවනසේක. තමන්වහන්සේ
ගේම අභිප්‍රායෙන් කථානොකර, උ
න්වහන්සේම ඇසෙන දේ කියා, මතු
පැමිණෙනදේ නුඹලාට දන්වනසේක.
14. උන්වහන්සේ මා සන්තක දෙයින්
අරගෙන නුඹලාට එළිදරව්කොට,
මා ගෞරවයට පමුනුවනසේක.
15. පියානන්වහන්සේ සන්තක සිය
ල්ල මා සන්තකය; එහෙයින් 'මා සන්
තක දෙයින් අරගන නුඹලාට දන්
16. වනසේකැයි' කීමි. මම පියානන්
වහන්සේ ලඟට යන නිසා, ස්වල්ප
වේලාවකින් මා දකින්නේ නැත.
නැවතත් ස්වල්ප වේලාවකින් මා
17. දකිනවා ඇතැයි" කීසේක. එවිට
තමන් ගෝලයන්ගෙන් සමහරෙක්,
"ස්වල්ප වේලාවකින් මා දකිනෙන්
නැත කියාත්, නැවතත් ස්වල්ප
වේලාවකින් මා දකිනවා ඇත කි
යාත්, පියානන්වහන්සේ ලඟට යන
නිසාය කියාත්, මූන්වහන්සේ අපට
18. කියන්නේ මොකද? 'ස්වල්ප
වේලාවකැයි' උන්වහන්සේ මේ කි
යන්නේ මොකද කියා, අපි දන්
නේ නැතැයි" කථාකරගත්තෝය.
19. යේසුස්වහන්සේ තමන්වහන්සේ
ගෙන් ඒ කාරණව ගැන අහන්නට
ඔවුන් කැමති බව දැන, ඔවුන්ට
කියනසේක්, "ස්වල්ප වේලාවකින්
මා දකින්නේ නැත, නැවතත්
ස්වල්ප වේලාවකින් මා දකිනවා
ඇතැයි, මම කී කාරණව ගැන
නුඹලා ඔවුනොවුන් කථාකරමින්
20. සොයද්ද? සැබවක් සැබවක්
නුඹලාට කියමි, නුඹලා හඬා වැල
පෙති; නුමුත් ලෝකයා සන්තෝෂ
වෙයි. නුඹලා ශෝකවෙති; නුමුත්
නුඹලාගේ ශෝකය සන්තෝෂයට
21. පෙරලෙයි. ස්ත්‍රියක් වදන කල,
ඇගේ පැය පැමිනි නිසා ශෝකවන්

21. නුමුත් ඈ දරුවා වැදූකල, ලෝ
කයේ මනුෂ්‍යයෙක් උපන්නේය යන
සන්තෝෂයෙන් එතැන් පටන් වේද
22. නාව සිහිකරන්නේ නැත. නුඹ
ලාත් දැන් සෝකවෙති; නුමුත් නැ
වත නුඹලා දක්නෙමි; එවිට නුඹලා
ගේ සිත් සන්තෝෂ වන්නේය. නුඹ
ලාගේ සන්තෝෂය නුඹලාගෙන්
කවුරුවත් උදුරාගන්නේ නැත.
23. "ඒ දවසේ නුඹලා මාගෙන්
කිසි දෙයක් විභාගකරන්නේ නැත.
සැබවක් සැබවක් නුඹලාට කියමි,
මාගේ නාමයෙන් පියානන්වහන්සේ
ගෙන් නුඹලා යමක් ඉල්ලුවොත්,
24. ඒ දේ නුඹලාට දෙනසේක. දැන්
දක්වා මාගේ නාමයෙන් නුඹලා
මොකවත් ඉල්ලුවේ නැත. නුඹලා
ගේ ප්‍රීතිය සම්පූර්ණවෙන පිනිස,
ඉල්ලාපල්ලාය; එවිට නුඹලා ලබන
25. වා ඇත. මේ දේ උපමාවලින්
නුඹලාට කීමි; නුමුත් උපමාවලින්
නැවත නුඹලාට නොකියා, ප්‍රකාශ
යෙන් පියානන්වහන්සේ ගැන නුඹ
ලාට දන්වන්නාවූ කාලය පැමිණෙන්
26. නේය. ඒ දවසේ මාගේ නාම
යෙන් නුඹලා ඉල්ලනවා ඇත
27. නුඹලා මට ප්‍රේමකළ බැවින්ද,
මම දෙවියන්වහන්සේ කෙරෙන්
ආමියි ඇදහූ බැවින්ද, පියානන්වහන්
සේම නුඹලාට ප්‍රේමකරනසේක.
ඒ නිසා නුඹලා ගැන පියානන්වහන්
සේගෙන් ඉල්ලනෙනමියි නොකියමි
28. මි. මම පියානන්වහන්සේ ලඟින්
පිටත්ව, ලෝකයට ආමි; නැවත
ලෝකය හැර, පියානන්වහන්සේ
29. ලඟට යමියි" කීසේක. උන්ව
හන්සේගේ ගෝලයෝ, "දැන් ඔබ
වහන්සේ උපමා නැතුව ප්‍රකාශයෙන්
30. කියනසේක. ඔබවහන්සේ සිය
ල්ල දන්නා බවද, කාගේවත් විභා
ගකිරීමෙන් ඔබට ඕනෑකමක් නැති
බවද දැන් දනිමුව. මෙයින් ඔබවහන්
සේ දෙවියන්වහන්සේ ලඟින් පිටත්ව
31. ආ බව අදහමුයයි" කීවෝය. යේ
සුස්වහන්සේ ඔවුන්ට උත්තර දෙ
මින්, "නුඹලා දැන් අදහන්නෝද?
32. නුඹලා සියල්ලෝම තම තමන්
ගේ ස්ථානවලට ඉගිළී ගොස්, මා
තනියම හරින කාලය පැමිණෙන්
නේය; දැනටම පැමිණ තිබෙයි.
එසේ නුමුත් පියානන්වහන්සේ මා
සමග සිටින නිසා තනියම නොවෙමි.
33. මා නිසා නුඹලා සමාදානය ලබ
න පිනිස, මේ කාරනා නුඹලාට කීමි.
ලෝකයේදී නුඹලා දුකට පැමිණෙ
නවා ඇත; නුමුත් ස්ථිර සිතින් සිට
පල්ලාය; මම ලෝකයෙන් ජයගති
මිස්" කීසේක.

17. පරිච්. යේසුස්වහන්සේ මෙ
සේ කියා ස්වර්ගයාදෙසට ඇස් ඔසවා,
කියනුයේ "පියානන්වහන්ස, කාලය
2. පැමුනුනේය. ඔබවහන්සේ විසින්
ඔබගේ පුත්‍රයාට දෙනලද සියල්
ලන්ට සදාකාල ජීවනය දෙන පිනි
ස ඔබවහන්සේ සියළු මනුෂ්‍යයන්
කෙරෙහි ඔහුට බලය දුන් හෙයින්,
ඔහු කරනකොටගෙන ඔබවහන්
සේට ගෞරව ලැබෙන පිනිස ඔබ
වහන්සේගේ පුත්‍රයාට ගෞරව දුන
3. මැනව. ඒ සදාකාල ජීවනානම්,
එකම සැබෑවූ දෙවිවූ ඔබවහන්සේ
සහ ඔබවහන්සේ විසින් එවනලද්
දාවූ යේසුස් ක්‍රිස්තුස් දැනගැන්ම වේ.
4. මම ඔබවහන්සේ පොළොවේ
ගෞරවයට පැමිනෙව්මි. ඔබවහන්සේ
මට කරන්නට දුන් වැඩ නිමිදුකෙ
5. ලෙමි. දැනට පියානෙනි, ලෝකය
මැවීමට පලමුවෙන් ඔබවහන්සේ
ලඟ මට තිබුනාවූ ගෞරවයෙන්,
ඔබවහන්සේ ලඟදී මා ගෞරවයට
6. පැමිණෙව්ව මැනව. ඔබවහන්සේ
විසින් ලෝකයෙන් මට දුන් මනුෂ්‍ය
යන්ට ඔබගේ නාමය එළිදරව්කෙ
ලෙමි. ඔවුන් ඔබවහන්සේ සන්තක
වූවෝය; ඔබවහන්සේ ඔවුන් මට

දුන්සේක; ඔවුන් ඔබවහන්සේගේ
7. වචනය රක්‍ෂාකලෝය. ඔබවහන්
සේ මට දුන් සියල්ල ඔබවහන්සේ
8. ලඟිනැයි ඔවුන් දැන් දනිති. ඔබ
වහන්සේ විසින් මට දුන් වචන මම
ඔවුන්ට දුනිමි; ඔවුන් ඒවා පිළිගෙ
න, මම ඔබවහන්සේ කෙරෙන් ආ
බව අනුමානයක් නැතුව දැන, ඔබ
වහන්සේ මා එවූ බව අදහගත්තෝ
9. ය. මම ඔවුන් නිසා යාඥකරමි;
ලෝකයා නිසා යාඥනොකරමි;
නුඹුන් ඔබවහන්සේ මට දුන්නාවූ
ඔවුන් නිසා යාඥවෙමි; මක්නිසාද,
ඔවුන් ඔබවහන්සේ සන්තකය.
10. මා සන්තක සියල්ල ඔබවහන්
සේ සන්තකය; ඔබවහන්සේ සන්
තක සියල්ල මා සන්තකය. මමද
ඔවුන් කරනකොටගෙන ගෞරව
11. යට පැමිනියෙමි. මෙතැන් පටන්
මම ලෝකයේ නොසිටිමි; නුඹුත්
ඔවුන් ලෝකයේ සිටිති; මම ඔබව
හන්සේ ලඟට එමි. ශුද්ධවූ පියාණෙනි,
ඔබවහන්සේ මට දුන්නාවූ ඔවුන් අප
සේම ඒකත්වයක් වෙන පිනිස ඔබ
වහන්සේගේ නාමයෙන් රක්‍ෂාකල
12. මැනව. මම ඔවුන් සමග ලෝක
යේ සිටිද්දී, ඔවුන් ඔබවහන්සේගේ
නාමයෙන් රක්‍ෂාකෙලෙමි; ඔබව
හන්සේ මට දුන්නාවූ ඔවුන් ප්‍රවේ
සම් කෙලෙම්; විනාසයෙහි පුත්‍රයා
හැර, ඔවුන් අතරෙන් කවුරුවත්
විනාසවූයේ නැත; මෙසේ ලියවිලල
13. සම්පූර්ණවූයේය. නුඹුත් දැන්
ඔබවහන්සේ ලඟට මම එමි; මාගේ
ප්‍රීතිය ඔවුන් කෙරේ සම්පූර්ණවෙ
න පිනිස, ලෝකයෙහිදී මේ කාරනා
14. කියමි. මම ඔවුන්ට ඔබවහන්
සේගේ වචනය දුනිමි. මම යම්සේ
ලෝකයාගේ පක්‍ෂයට නොවෙම්ද,
එසේම ඔවුනුත් ලෝකයාගේ පක්‍ෂ
යට නොවෙති; ඒ නිසා ලෝකයා
15. ඔවුන්ට වෛර වූයේය. ඔබව
හන්සේ විසින් ඔවුන් නපුරෙන්
රක්‍ෂාකරගන්ට මිස, ලෝකයෙන්
16. ගෙනයන්ට යාඥනොකරමි. මම
යම්සේ ලෝකයාගේ පක්‍ෂයට නො
වෙම්ද, එසේම ඔවුනුත් ලෝකයා
17. ගේ පක්‍ෂයට නොවෙති. ඔබව
හන්සේගේ සැබෑකමෙන් ඔවුන්
පිරිසිදුකලමැනව; ඔබවහන්සේගේ
18. වචනය සැබෑකමනම් වේ. ඔබ
වහන්සේ මා ලෝකයට එව්වාසේම,
19. මම ඔවුන් ලෝකයට යැව්මි. සැ
බෑකමෙන් ඔවුන් පිරිසිදුවෙන පිනි
ස, ඔවුන් නිසා මා පිරිසිදුකරගනිමි.
20. "තවද ඔවුන් නිසා පමනක්
නොව, ඔවුන්ගේ වචනය කරන
කොටගෙන මා අදහන්නවුන් නි
21. සාත් යාඥකරමි. ඔබවහන්සේ
මා එවූ බව ලෝකයා අදහගන්නා
පිනිස, ඔවුන් සියල්ලෝ ඒකත්වයක්
වේවා. පියවූ ඔබවහන්සේ මා ඇතු
ලෙහිත් මම ඔබවහන්සේ ඇතුලෙ
හිත් සිටින්නාසේම, අප ඇතුලෙහි
22. ඔවුනුත් ඒකත්වයක් වේවා. අපි
ඒකත්වයක්ව සිටිනනාසේම ඔවුනුත්
23. ඒකත්වයක්වෙන පිනිසද, මම ඔ
වුන් ඇතුලෙහිද ඔබවහන්සේ මා
ඇතුලෙහිද සිටිමෙන් ඔවුන්ගේ
ඒකත්වයක්වීම සම්පූර්ණවෙන පිනි
සද, ඔබවහන්සේ මා එවූ බවත් ඔබ
වහන්සේ මට ප්‍රේම කලසේම ඔවුන්
ටත් ප්‍රේමකල බවත් ලෝකයා දැන
ගන්නා පිනිසද, ඔබවහන්සේ වි
සින් මට දුන් මහිමය මම ඔවුන්ට
24. දුනිමි. පියාණෙනි, ලෝකය
මැවීමට පලමුවෙන් මට ප්‍රේමක
ලාවූ ඔබවහන්සේ විසින් මට
දුන් මහිමය ඔබවහන්සේ මට
දුන්නාවූන් විසිනුත් දක්නා පිනිස,
මම සිටින තැන ඔවුනුත් මා සමග
25. සිටීමට කැමැත්තෙමි. ධර්මිෂ්ඨවූ
පියාණෙනි, ලෝකයා ඔබවහන්සේ
හැඳින්නේ නැත; නුඹුත් මම ඔබව
හන්සේ හැඳින්නෙමි; මොවුන් ඔබ
වහන්සේ මා එවූසේකැයි දැනගත්

26. තෝය. ඔබවහන්සේ මට ඇත්
තාවූ ප්‍රේමය ඔවුන් ඇතුලෙහිද
මමත් ඔවුන් ඇතුලෙහිද වෙන
පිනිස, ඔබවහන්සේගේ නාමය
ඔවුන්ට දැන්වීමි, දන්වන්නෙමියි”
කීයේක.

18. පරිච්ඡේ. යේසුස්වහන්සේ මෙ
සේ කියා, තමන් ගෝලයන් සමග
කෙද්‍රොන්නම් ඔය එගොඩට ගොස්,
එහි තිබෙන උයනකට ගෝලයන් ස
2. මග පැමිණියේක. යේසුස්වහන්සේ
තමන් ගෝලයන් සමග නොයෙක්ව
ර එහි ගිය බැවින්, උන්වහන්සේ පාවා
දෙන යූදස් ඒ ස්ථානය දැන පුරු
3. දුය. එහෙයින් ඔහු සේනාව සහ
නායක පූජකයන්ගෙන්ද ඵරිසීන්
ගෙන්ද සේවකයන් ලබාගෙණ,
පහන් විලක්කු ආයුධ අරගෙන එත
4. නට ආයේය. යේසුස්වහන්සේ
තමන්ට පැමිණෙන සියළු දේ දැන
පිටත්ව ගොස්, “තුබලා සොයන්
නේ කාදැයි” ඔවුන්ගෙන් ඇසූසේ
5. ක. ඔවුන් උන්වහන්සේට උත්
තර දෙමින්, “නාසරෑත් යේසුස්යයි”
කීවෝය. යේසුස්වහන්සේ, “ඒ මම
යයි” කීයේක. උන්වහන්සේ පාවා
දෙන්නාවූ යූදස් ඔවුන් සමග සිටි
6. යේය. “ඒ මමයයි” යේසුස්වහන්
සේ ඔවුන්ට කී වේලේම, ඔවුන් පස්
සෙන් පස්සට ගොස් බිම වැටුනෝය.
7. නැවතත් උන්වහන්සේ “තුබලා
සොයන්නේ කාදැයි” ඇසූසේක.
ඔවුන් “නාසරෑත් යේසුස්යයි” කී
8. වෝය. යේසුස්වහන්සේ ඔවුන්ට
උත්තර දෙමින්, “ඒ මමයයි තුබලා
ට කීමි. එහෙයින් තුබලා මා සොයන්
නේනම්, මොවුන්ට යන්ට හැරපල්
9. ලායයි” කීයේක. මෙසේ කීවේ,
“ඔබවහන්සේ මට දුන්නාවුන්ගෙන්
කවුරුවත් විනාසවූයේ නැතැයි”
උන්වහන්සේ විසින් කියනලද වච
නය මෙසේ සම්පූර්ණවෙනා පිනි
10. සය. එකල කඩුවක් අරන් සිටි
සීමොන් පේතෘස් ඒක ඇද, නායකපූ
ජකයාගේ වැඩකාරයෙකුට ගසා, ඔ
හුගේ දකුණු කන කපාදැමීය. ඒ වැඩ
11. කාරයාගේ නාම මල්කස්ය. එවිට
යේසුස්වහන්සේ පේතෘස්ට කියන
සේක්, “තුබේ කඩුව කොපුවේ දමා
පන්න; පියානන්වහන්සේ විසින්
මට දුන් කුසලාන නොබොම්දැයි”
කීයේක.
12. එකල සේනාවද සේනාපති
යාද යුදෙව්වරුන්ගේ සේවකයෝද
13. යේසුස්වහන්සේ අල්ලා බැඳ, ඒ
අවුරුද්දට උත්තම පූජකවූ කායා
ඵස්ගේ මාමාවූ අන්නස් ලඟට පලමු
14. කොට ගෙනගියෝය. ඒ කායා
ඵස්, “සෙනග නිසා එක් මනුෂ්‍යයෙ
කුගේ මරනය ප්‍රයෝජන ඇතැයි”
මන්ත්‍රන සභාවෙහිදී යුදෙව්වන්ට
කී තැනැත්තාය.
15. සීමොන් පේතෘස්ද තවත්
ගෝලයෙක්ද යේසුස්වහන්සේ පස්
සේ ගියෝය. ඒ ගෝලයා උත්තම
පූජකයා විසින් අඳුනන බැවින්,
යේසුස්වහන්සේ සමග උත්තම පූජ
කයාගේ සාලාවට ඇතුල්වූයේය.
16. නුමුත් පේතෘස් දොරකඩ ලඟ
පිටත සිටියේය. එවිට උත්තම පූජ
කයා විසින් අඳුනනලද ඒ අනික්
ගෝලයා පිටතට ගොස්, දොරටුපා
ලීට කියා, පේතෘස් ඇතුලට ගෙන
17. ආයේය. එවිට දොරටුපාලීවූ දැසි,
“තුබත් ඒ මනුෂ්‍යයාගේ ගෝලයන්
ගෙන් එකෙක් නොවේදැයි” පේ
තෘස්ට කීවාය. “මම නොවෙමියි”
18. කීය. සීතල බැවින්, වැඩකාර
යෝද සේවකයෝද ගිනි දල්වා තපි
මින් සිටියෝය. පේතෘස්ද ඔවුන් සම
19. ග ගිනි තපිමින් සිටියේය. එවිට
උත්තම පූජකයා යේසුස්වහන්සේ
ගේ ගෝලයන් ගැනද, ඉගැන්වීම
ගැනද, උන්වහන්සේගෙන් ඇසූයේ
20. ය. යේසුස්වහන්සේ ඔහුට උත්

තර දෙමින්, "මම ප්‍රකාශයෙන්
ලෝවට කථාකෙළෙමි; යුදෙව්වරුන්
නිතර රැස්වෙන්නාවූ සිනගෝගවල
දීත් දේව මාලිගාවේදීත් නිතරම
ඉගැන්වීමි; රහසින් කිසිවක් නොකී
21. යෙමි. මාගෙන් අහන්නේ මක්
නිසාද? මාගේ වචන ඇසූවන්ගෙන්
මම ඔවුන්ට කීවේ මොකදැයි අසා
පන්න. මම කීවේ මොකදැයි ඔවුන්
22. දනිතියි" කීයේක. උන්වහන්සේ
මෙසේ කීකල, ළඟ සිටියාවූ සේවක
යන්ගෙන් එකෙක්, "උත්තම පූජ
කයාට මෙසේ උත්තර දෙන්නේද"
කියා, යේසුස්වහන්සේට අතුල් පහ
23. රක් ගැසීය. යේසුස්වහන්සේ
ඔහුට උත්තර දෙමින්; "මම නර
කක් කීවනම්, ඒ නරක ගැන සාක්ෂි
දීපන්න; හොඳක් කීවනම්, මට පහ
ර දෙන්නේ මක්නිසාදැයි" කීයේක.
24. බැඳලා සිටි උන්වහන්සේ අන්
නාස් විසින් උත්තම පූජකවූ කායා
25. ඵස් ළඟට යවනු ලැබූයේක. සී
මොන් පේතෘස් ගිනි තපිමින් සිටි
කල, ඔවුන් "නුඹ ඔහුගේ ගෝල
යන්ගෙන් එකෙක් නොවේදැයි"
ඔහුට කීවෝය. "නැත; මම නො
26. වෙමියි" කීයේය. උත්තම පූජ
කයාගේ වැඩකාරයන්ගෙන් එකෙක්
වූ, පේතෘස් විසින් කන කැපූ තැනැ
ත්තාගේ නෑයෙක්, "ඔහු සමග උය
නේ සිටි නුඹ දුටුවිම්දැයි" කීය.
27. එවිට පේතෘස් නැවතද, "නැ
තැයි" කීය. එවලේම කුකුලා හඬ
ලීය.

28. එකල ඔවුන් යේසුස්වහන්සේ
කායාඵස් ලඟින් නඩු සාලාවට ගෙන
ගියෝය. එවිට පහන්විය. ඔවුන්
පාස්කු මංගල්‍ය කෑමට අපවිත්‍ර
නොවෙන පිණිස, නඩු සාලාවට ඇ
29. තුල්වූයේ නැත. එකල පිලාත්
ඔවුන් වෙතට පිටත්ව ගොස්, "මේ
මනුෂ්‍යයාට විරුඬව මොන වරදක්
30. තබද්දැයි" කීය. ඔවුන් උත්තර
දෙමින්, "මොහු වැරදිකාරයෙක්
නොවීනම්, නුඹට ඔහු පාවා නො
31. දෙමුයයි" කීවෝය. එවිට පිලාත්,
"නුඹලා ඔහු ගෙනගොස්, නුඹලා
ගේ ව්‍යවස්ථාව ලෙස විනිශ්චය කර
පල්ලායයි" ඔවුන්ට කීය. එවිට
යුදෙව්වරු, "කිසිවෙක් මරන්ට අපට
32. බලය නැතැයි" කීවෝය. මෙ
සේ වූයේ, යේසුස්වහන්සේ මොන
මරණයකින් මැරෙනසේක්ද කියා
තමන්වහන්සේ විසින් කියා තිබුන
වචනය සම්පූර්ණවෙන පිණිසය.
33. එවිට පිලාත් නැවත නඩුසාලා
වට ඇතුල්ව යේසුස්වහන්සේ කැඳ
වා, "නුඹ යුදෙව්වන්ගේ රජදැයි"
34. ඇසුයේය. යේසුස්වහන්සේ ඔහු
ට උත්තර දෙමින්, "නුඹම මෙසේ
කියන්නේද, නොහොත් අනුන් මා
ගැන එසේ නුඹට කීවෝදැයි" කීසේ
35. ක. පිලාත් උත්තර දෙමින්,
"මම යුදෙව්වෙක්ද? නුඹේම ජාති
යුද නායකපූජකයෝද නුඹ මට පා
වාදුන්නෝය. නුඹ කළේ මොකදැයි"
36. කීය. යේසුස්වහන්සේ උත්තර
දෙමින්, "මාගේ රාජ්‍යය මේ ලෝක
යෙන් නොවේය. මාගේ රාජ්‍යය මේ
ලෝකයෙන් වීනම්, මම යුදෙව්ව
රුන්ට පාවාදෙනු නොලබන පිණිස,
මාගේ වැඩකාරයෝ යුඬ කෙරෙති.
දැන් මාගේ රාජ්‍යය මෙයින් නොවේ
37. යයි" කීසේක. එවිට පිලාත්,
"එසේවීනම් නුඹ රජෙක්දැයි" උන්
වහන්සේට කීය. යේසුස්වහන්සේ
උත්තර දෙමින්, "මම රජයයි නුඹ
ම කියන්නේය. මම උපන්නෙත්,
ලෝකයට ආවෙත් සැබෑකමට සා
ක්ෂිදෙන පිණිසය. සැබෑකමෙන්
වූ තැනැත්තේ මාගේ ශබ්දය අ
38. සන්නේයයි" කීසේක. පිලාත්
"සැබෑකමනම් මොකදැයි" උන්ව
හන්සේට කියා, නැවත යුදෙව්ව
රුන් වෙතට පිටත්ව ගොස්, "මොහු
අත කිසි වරදක් මට පෙනෙන්නේ

39. නැත. නුමුත් පාස්කු මංගල්‍ය
යෙහිදී නුබලාට මා විසින් එකෙක්
මුදා දෙන සිරිතක් තිබෙයි; එහෙ
යින් යුදෙව්වන්ගේ රජ මා විසින්
නුබලාට මුදා හරින්ට නුබලා කැමති
40. දැයි” ඔවුන්ගෙන් ඇසුයේය. එ
විට ඒ සියල්ලෝ නැවත මොර
ගසමින්, “මොහු නොවේය; බරබ්
බාසයි” කීවෝය. බරබ්බා සො
රෙක්ය.

19. පරිච්. එවිට පිලාත් යේසුස්
වහන්සේට කසවලින් තැලෙව්වේය.
2. සේවායෝද කටු ඔටුන්නක් ගො
තා උන්වහන්සේගේ හිසේ තබා,
3. රත් වස්ත්‍රයක් උන්වහන්සේට
හඳවා, “යුදෙව්වන්ගේ රජ්ජුරුවෙ
නි, නුවගේ සිහිනසේක්වයි” කියා
උන්වහන්සේට අතුල්පහර දුන්නෝ
4. ය. එකල පිලාත් නැවත පිටත්ව
ගොස්, “මොහු අත කිසි වරදක්
මට නොපෙනෙන බව නුබලා දැන
ගන්නා පිනිස, මොහු නුබලා ළඟට
5. ගෙනායෙමියි” ඔවුන්ට කීය. එවි
ට යේසුස්වහන්සේ කටු ඔටුන්නද
රත් වස්ත්‍රයද දරමින් පිටතට ආසේ
ක. එවිට පිලාත්ද “ඒ මනුෂ්‍යයා
6. බලාපල්ලායයි” ඔවුන්ට කීය. එ
විට නායකපූජකයෝද සේවකයෝද
උන්වහන්සේ දැක, මොරගසමින් “කු
රුසියෙහි ඇනගැසුවමැනව; කුරුසි
යෙහි ඇනගැසුවමැනවයි” කීවෝය.
පිලාත්, “නුබලාම මොහු ගෙන
ගොස් කුරුසියෙහි මරාපල්ලාය; මො
හුඅත කිසි වරදක් මට පෙනෙන්නේ
7. නැතැයි” ඔවුන්ට කීය. යුදෙව්වරු
ඔහුට උත්තර දෙමින්, “අපට ව්‍යව
ස්ථාවක් ඇත; තමා විසින්ම තමන්
දෙවියන්වහන්සේගේ පුත්‍රයායයි කි
බැවින්, ඒ ව්‍යවස්ථාවේ හැටියට ඔහු
8. මරනයට සුදුසුයයි” කීවෝය. පි
9. ලාත් ඒ අසා වඩා භයව, නැවත
නඩුශාලාවට ඇතුල්ව, “නුබ කොත
නින්දැයි” යේසුස්වහන්සේට කීයේ
ය. යේසුස්වහන්සේ ඔහුට කිසි උත්
10. තරයක් දුන්සේ නැත. එකල පි
ලාත්, “නුබ මට කථාකරන්නේනැද්
ද? නුබ කුරුසියෙහි ඇනගසන්ටද
මුදන්ටද මට බලය ඇති බව දන්
නේ නැද්දැයි” උන්වහන්සේට කීය.
11. යේසුස්වහන්සේ උත්තර දෙ
මින්, “උඩින් නුබට නොදෙනලද්
දේනම්, මට විරුඩව නුබට කිසි බල
යක් නැත; එහෙයින් මා නුබට පාවා
දුන් තැනැත්තාට වැඩි මහත් පව්
12. ඇත්තේයයි” කීසේක. එතැන්
පටන් පිලාත් උන්වහන්සේ මුදන්ට
සෙවීය. නුමුත් යුදෙව්වරු, මොරග
සමින් “මොහු මිදුවොත් නුබ කායිසර්
ගේ මිත්‍රයානොවේය. යමෙක් තමාම
රජ කරගනීනම්, ඔහු කායිසර්ට විරු
ඩව කථාකරන්නේයයි” කීවෝය.
13. පිලාත් ඒ බස් අසා, යේසුස්ව
හන්සේ පිටතට අරගෙන, හෙබ්‍රෙව්
භාෂාවෙන් ගබ්බතායයි කියන
ගල්පැලිනම් ඉඩමේ තබූ ආසනයෙහි
14. ඉඳගත්තේය. එවිට පාස්කු මංග
ල්‍යය සූදානම්කරන දවසේ හයවෙනි
පැය පමන වීය. එවිට ඔහු, “නුබලා
ගේ රජ බලාපල්ලායයි” යුදෙව්වන්ට
15. කීය. නුමුත් ඔවුන්, මොරගසමින්
“ඔහු අහක්කලමැනව; අහක්කල
මැනව; ඔහු කුරුසියෙහි ඇනගැසුව
මැනවයි” කීවෝය. පිලාත්ද, “නුබලා
ගේ රජ කුරුසියෙහි ඇනගසම්දැයි”
ඔවුන්ගෙන් ඇසුයේය. එවිට නායක
පූජකයෝ උත්තර දෙමින්, “කායි
සර් මිස අපට වෙන රජෙක් නැතැයි”
16. කීවෝය. එකල ඔහු යේසුස්ව
හන්සේ කුරුසියෙහි ඇනගසනු
ලබනපිනිස ඔවුන්ට පාවාදුන්නේය.
එවිට ඔවුන් යේසුස්වහන්සේ අල්වා
ගෙන ගියෝය.

17. උන්වහන්සේ තමාගේ
කුරුසිය උසුලාගෙන හෙබ්‍රෙව් භා
ෂාවෙන් ගොල්ගොතායයි කියන

ලද ඉස්කබල සථානයට පිටත්ව ගිය
18. සේක. එහිදී යේසුස්වහන්සේ
මැදිකොට, උන්වහන්සේගේ දෙපැ
තෙන් උන්වහන්සේ සමග වෙනත්
දෙන්නෙක් කුරුසියෙහි ඇනගැසූ
19. වෝය. තවද පිලාත් පත්‍ර
යක් ලියා කුරුසියෙහි තැබ්බය. ඒ පත්‍ර
යේ, "මේ යුදෙව්වන්ගේ රජවූ නාස
රත් යේසුස්යයි" ලියනලද්දේය.
20. යේසුස්වහන්සේ කුරුසියෙහි
ඇනගැසූ සථානය නුවරට සමීප
බැවින්, යුදෙව්වන්ගෙන් බොහෝ
දෙනෙක් ඒ පත්‍රය කියෙව්වෝය.
ඒ පත්‍රය හෙබ්‍රෙව් ග්‍රීක් ලතින්
යන භාෂාවලින් ලියා තිබුනේය.
21. එවිට යුදෙව්වන්ගේ නායක පූජ
කයෝ කථාකොට, "යුදෙව්වන්ගේ
රජයයි නොලියා, මම යුදෙව්වන්ගේ
රජයයි, ඔහු විසින් කියනලද්දේයයි
ලිව්වමැනවයි" පිලාත්ට කීවෝය.
22. පිලාත් "මම යමක් ලිව්වේද, ඒක
23. ලිව්වේයි" කීයේය. හේවායෝ
යේසුස්වහන්සේ කුරුසියෙහි ඇන
ගැසූකල, උන්වහන්සේගේ වස්ත්‍ර
අරගෙන, එක එක හේවායාට එක
එක කොටස බැගින් සතර කොට
සක් කලෝය. උන්වහන්සේගේ යට
ඇඳුමද ගත්තෝය. ඒ ඇඳුම නොම
හා උඩ පටන් මුළුල්ලම වියලා තිබු
24. නේය. එබැවින් "මේක නොයි
රා කාට වේදැයි දැනගන්නා පිනිස
දදු දමමුයයි" ඔවුනොවුන් කීවෝය.
මෙසේවූයේ "මාගේ වස්ත්‍ර ඔවුන්අත
රේ බෙදා, මාගේ ඇඳුම පිනිස දදු දැමූ
වෝයයි" යන ලියවිල්ල සම්පූර්ණ
වෙනපිනිසය. එහෙයින් හේවායෝ
25. මෙලෙසකලෝය. තවද යේසුස්
වහන්සේගේමෑණියෝද, මෑණියන්ගේ
සහෝදරීවූ ක්ලෙයෝපාගේ භාර්යාවූ
මරියාද, මග්දලාගේ මරියාද, උන්
වහන්සේගේ කුරුසිය ලඟ සිටියෝය.
26. එවිට යේසුස්වහන්සේ ලඟ සිටි
නාවූ තමන්ගේ මෑණියන්ද, තමන්
විසින් ප්‍රේමකරනලද ගෝලයාද
දැක, "ස්ත්‍රිය, නුඹේ පුත්‍රයා බලාපන්
නැයි" තමාගේ මෑණියන්ට කියා
27. "නුඹේ මෑණියන් බලාපන්
නැයි" ගෝලයාට කීසේක. එවේ
ලෙහි පටන් ඒ ගෝලයා තමාගේ
28. ගෙදරට ඈ පිලිගත්තේය. ඉන්
පසු යේසුස්වහන්සේ දැන් සියල්ල
තීන්දුවූන බව දැන, ලියවිල්ල සම්
පූර්ණවෙන පිනිස, "පිපාස ඇත්
29. තෙමියි" කීසේක. එවිට කාඩි
යෙන් පිරුනු භාජනයක් එහි තබා
තිබුනේය. ඔවුන් මූදු හත්තක් කාඩි
යෙන් පොවා, හිසොප්දඬක බැඳ,
උන්වහන්සේගේ මුඛයට දික්ක
30. ලෝය. යේසුස්වහන්සේ කාඩි
ගෙණ "තීන්දුවූනේයයි" කියා,
හිස නමා ප්‍රාණය පාවාදුන්
සේක.

31. ඒ දවස සූදානම්කරන දවස
බැවින්, සබත් දවසේ ශරීර කුරුසි
යෙහිම නොතිබෙන පිනිස, ඔවුන්
ගේ කෙඬා බිඳුවා ඔවුන් අහක්කර
වන්ට, යුදෙව්වරු පිලාත්ගෙන් ඉල්ලු
32. වෝය. මක්නිසාද ඒ සබත්දවස
මහත් දවසක්ය එකල හේවායෝ ඇ
විත්, උන්වහන්සේ සමග කුරුසියෙහි
ඇනගසනලද පලමුවෙනියාගේ සහ
33. අනිකාගේත් කෙඬා බින්දෝය. නු
මුත් ඔවුන් යේසුස්වහන්සේ ලඟට ඇ
විත්, උන්වහන්සේ මල බව දැන, උන්
වහන්සේගේ කෙඬා බින්දේ නැත.
34. තවද හේවායින්ගෙන් එකෙක්
හෙල්ලයකින් උන්වහන්සේගේ ඇල
පතට ඇන්නේය; එවලේම ලේත් ව
35. තුරත් එයින් පිටත්වූනේය. ඒ දුටු
තැනැත්තේ එයට සාක්ෂි දුන්නේය;
ඔහුගේ සාක්ෂි සැබෑය; නුඹලා අද
හන පිනිස, ඔහු සැබෑව කියන බව
36. ඔහුම දන්නේය. මේ සිඩවූයේ,
"උන්වහන්සේගේ ඇටවලින් එකක්
වත් බිඳිනු නොලැබේයයි" ලියා
තිබුන ලියවිල්ල සම්පූර්ණවෙන

37. පිනිසය. නැවතත්, "ඔවුන්
විසින් අන්නාලද තැනන්වහන්සේ
බලනවා ඇතැයි" වෙන ලියවිල්
ලක කියා තිබෙන්නේය.
38. ඉන්පසු යුදෙව්වන්ට භයින්
රහසින් යේසුස්වහන්සේම ගෝලවූ,
අරිමාතයෙහි යෝසැප් යේසුස්වහන්
සේගේ මිනිය ගෙනියන පිණිස,
පිලාත්ගෙන් ඉල්වීය; පිලාත් අවසර
දුන්නේය. එහෙයින් ඔහු ඇවිත්,
යේසුස්වහන්සේගේ මිනිය ගෙන
39. ගියේය. පලමුවෙන් යේසුස්ව
හන්සේ ලඟට රාත්‍රියෙහි ආවාවූ නික
දේමුස්ද ගන්ධරස මිශ්‍රවූ අගිල් රාත්
තල් සියයක් පමන අරගෙන ආයේය.
40. එකල ඔවුන් යේසුස්වහන්සේ
ගේ මිනිය අරගෙන, යුදෙව්වරුන්
තැන්පත්කරන සිරිතේ හැටියට
සුවඳ බඩු සමග රෙදිවලින් වෙළු
41. වෝය. උන්වහන්සේ කුරුසියෙහි
ඇනගැසූ ස්ථානයෙහි උයනක් විය.
ඒ උයනෙහි කවදාවත් කවුරුවත්
නොතැබූවාවූ අලුත් සොහොන්
42. ගෙයක් තිබුනේය. යුදෙව්වරුන්
ගේ සූදානම් කරන දවස බැවින්ද,
ඒ සොහොන් ගෙය සමීප බැවින්ද,
යේසුස්වහන්සේ එහි තැබූවෝය.

20. පරිච්ඡේ. සතියේ පලමුවෙ
නිද, අලුයම් වේලේ, මග්දලායෙහි
මරියා අඳුර තිබෙද්දීම සොහොන්
ගේ ලඟට ගොස්, සොහොන් ගෙ
යින් ගල අහක්කොට තිබෙන බව
2. දුටුවාය. එවිට ඈ සීමොන් පේ
තෘස් ලඟටද, යේසුස්වහන්සේ විසින්
ප්‍රේමකරණලද අනික් ගෝලයා ලඟ
ටද දුවගන ගොස්, "ස්වාමීන්වහන්සේ
සොහොන් ගෙයින් අහක්කොට
ගෙනගොස්, කොතන තැබූවෝද
නොදනිමුයයි" ඔවුන්ට කීවාය.
3. එකල පේතෘස් සහ අනික් ගෝල
යා සොහොන් ගේ ලඟට යන්ට
4. පිටත්ව, දෙනනාම එක්ව දිව්වෝය.
අනික් ගෝලයා පේතෘස්ට ඉස්සරින්
වඩා හනික දිවගොස්, පලමුකොට
5. සොහොන්ගෙය ලඟට පැමින, නැ
මී බලා එහි තබනලද රෙදි දුටුවේය.
එසේ නුමුත් ඇතුලට ගියේ නැත.
6. එවිට සීමොන් පේතෘස් ඔහු පස්
සේ සොහොන් ගෙට ඇතුල්ව, රෙදි
7. තබා තිබෙන බවද, උන්වහන්
සේගේ හිස වට වෙළූ රෙදිකඩ
ඇඳුම් සමග නැතිව වෙන තැනක
තනියම අකුලා තබා තිබෙන බවද
8. දුටුවේය. එකල පලමුකොට සො
හොන් ගෙය ලඟට ආවාවූ ඒ අනික්
ගෝලයාද ඇතුල්ව, බලා ඇදහූ
9. යේය. මක්නිසාද, "උන්වහන්සේ
මලවුන්ගෙන් නැගිටින්ට යුතුයයි"
ලියනලද ලියවිල්ල ඒතාක්කල් ඔ
10. වුන් දැනනොගත්තෝය. එවිට
ගෝලයෝ තමතමන්ගේ ගෙවලට
11. නැවත ගියෝය. නුමුත් මරියා
සොහොන් ගෙය ලඟ පිටත හඬමින්
සිටියාය. හඬන්නාවූ ඈ නැමී සො
12. හොන් ගෙය බලා, යේසුස්වහන්
සේගේ මිනිය තබනලද ස්ථානයෙහි
සුදු වස්ත්‍ර හඳනාලද දේවදූතයෝ
දෙන්නෙක්, එකෙක් හිස ලඟද
එකෙක් පාද ලඟද, ඉන්න බව දුටු
13. වාය. ඔවුන්, "ස්ත්‍රිය, මක්නිසා
හඬන්නීදැයි" ඈට කීවෝය. ඈ,
"මාගේ ස්වාමීන්වහන්සේ අහක්
කොට ගෙන, කොතන තැබූවෝ
දැයි නොදන්න නිසායයි" කීවාය.
14. ඈ මෙසේ කියා ආපසු හැරී,
යේසුස්වහන්සේ සිටින බව දුටුවාය.
නුමුත් යේසුස්වහන්සේ බව දැන
15. ගත්තේ නැත. යේසුස්වහන්සේ,
"ස්ත්‍රිය, මක්නිසා හඬන්නීද? කවුරු
සොයන්නීදැයි" ඈට කීසේක. ඈ
උයන්ගොව්වායයි සිතා, "ස්වාමිනි,
නුඹ විසින් උන්වහන්සේ ගෙනයන
ලද්දේනම්, උන්වහන්සේ කොතන
තැබූවේදැයි මට කිවමැනව; එවිට
මම උන්වහන්සේ ඉවත්කොට ගෙන

16. යම්හි" කීවාය. යේසුසවහන්සේ,
"මරියා" කියා ඈට කීසේක. ඈ
හැරී, "රබ්බොනියි" උන්වහන්සේට
කීවාය. රබ්බොනි යනු ආචාර්ය යන
17. අර්ථයි. යේසුස්වහන්සේ, "මට අ
ත තබන්නට එපාය; මන්නිසාද මා
ගේ පියානන්වහන්සේ ළඟට තවම
නොනැංගෙමි. නුඹුත් මාගේ සහෝද
රයන් ළඟට ගොස්, 'මම මාගේ පියා
නන්වහන්සේද නුඹලාගේ පියානන්
වහන්සේද, මාගේ දෙවියන්වහන්
සේද නුඹලාගේ දෙවියන්වහන්සේද
ළඟට නගිමියි' ඔවුන්ට කියාපන්
18. නැයි" ඈට කීසේක. මග්දලා
යෙහි මරියා ගොස්, තමා විසින් ස්වා
මීන්වහන්සේ දුටු බවද, උන්වහන්
සේ විසින් මෙසේ තමාට කී බවද,
ගෝලයන්ට දැන්නුවාය.

19. සතියෙහි පලමුවෙනිවූ එමද
සවස, ගෝලයෝ එක්ව සිටි තැන්හි
යුදෙව්වන්ට භයින් දොරවල් වැසූ
කල්හි, යේසුසවහන්සේ ඇවිත් මැද
සිට, "නුඹලාට සමාදානය වේවයි"
20. ඔවුන්ට කීසේක. උන්වහන්සේ
මෙසේ කියා, තමන්වහන්සේගේ
අත්ද ඇලයද ඔවුන්ට දැක්වූසේක,
එවිට ගෝලයෝ ස්වාමීන්වහන්සේ
21. දැක සන්තෝෂවූහෝය. යේසුස්
වහන්සේ, "නුඹලාට සමාදානය
වේවයි" ඔවුන්ට නැවත කියා, "පි
යානන්වහන්සේ මා එවූසේම, මම
22. නුඹලා යවමියි" කීසේක. උන්
වහන්සේ මෙසේ කියා ඔවුන් දෙසට
හුස්ම හෙලා, "ශුද්ධාත්මය ඉවසාපල්
23. ලාය. යම් කෙනෙකුගේ පව් නුඹ
ලා මුදනවානම්, ඒවා ඔවුන්ට මිදෙ
නු ලැබේ; යම් කෙනෙකුගේ පව්
නුඹලා බඳිනවානම්, ඒවා බඳිනු ලැ
බේයයි" ඔවුන්ට කීසේක.

24. යේසුසවහන්සේ ආකල,
දොලසදෙනෙන් එකෙක්වූ දිදිමුස්නම්
තෝමස් ඔවුන් සමග සිටියේ නැත.
25. එහෙයින් අනිත් ගෝලයෝ,
"ස්වාමීන්වහන්සේ දුටිමුයයි" ඔහුට
කීවෝය. නුමුත් ඔහු කියනුයේ,
"උන්වහන්සේගේ අත්වල ඇන
ගැසූ ලකුන නොදැක ඇනගැසූ ලකු
ණේ මාගේ ඇඟිල්ල නොබහා,
උන්වහන්සේගේ ඇලයෙහි මාගේ
අත නොබහා, නොඅදහමියි" ඔවුන්
26. ට කීය. අටදවසකට පසු උන්ව
හන්සේගේ ගෝලයෝ නැවත ගේ
ඇතුලෙහි සිටියෝය; තෝමස්ද
ඔවුන් සමග සිටියේය. දොරවල් වැසූ
කල, යේසුස්වහන්සේ ඇවිත් මැද
සිට, "නුඹලාට සමාදානය වේවයි"
27. කීසේක. එකල උන්වහන්සේ,
"නුඹේ ඇඟිල්ල මෙහි දිගුකොට,
මාගේ අත් බලා, නුඹේ අත මෙහි
දිගුකොට මාගේ ඇලයෙහි බහා,
අවිශ්වාස නොකොට අදහා ගනින්
28. නැයි" තෝමස්ට කීසේක. තෝ
මස් උත්තර දෙමින්, "මාගේ ස්වාමී
නි, මාගේ දෙවියනියි" උන්වහන්
29. සේට කීය. යේසුස්වහන්සේ,
"තෝමස්, නුඹ මා දුටු බැවින් අදහ
ගත්තේය; නොදැක අදහන්නෝ වා
සනාවන්තයෝයයි" ඔහුට කීසේක.

30. මේ පොතේ නොලියනලද
වෙනත් බොහෝ ආශ්චර්යයන්
යේසුස්වහන්සේ තමන් ගෝලයන්
31. ගේ ඉදිරියේ කලසේක. නුමුත්
යේසුස්වහන්සේ දෙවියන්වහන්සේ
ගේ පුත්‍රවූ ක්‍රිස්තුස්යයි නුඹලා අදහ
ගන්නා පිනිසද, අදහගෙන උන්ව
හන්සේගේ නාමයෙන් ජීවනය
ලබන පිනිසද, මේවා ලියනලද්දේය.

21. පරිච්ඡේ. ඉන්පසු යේසුස්වහන්
සේ තිබේරියස්නම්වූ මුහුද අද්දරදී,
ගෝලයන්ට තමන් නැවත දැක්වූ
2. සේක. ඒ දැක්වීම මෙසේ විය. සී
මොන් පේතෘස්ද, දිදිමුස්නම් තෝ
මස්ද, ගලීලයේ කානානිවූ නතානි
යෙල්ද, සෙබදීගේ පුත්‍රයෝද, තවත්
ගෝලයෝ දෙන්නෙක්ද එක්ව

3. ගියෝය. සීමොන් පේතෘස්ද
"මසුන් අල්ලන්ට යමියි" ඔවුන්ට
කීයේය. ඔවුන්ද "අපිත් නුඹ සමඟ
යමුයයි" ඔහුට කීවෝය. ඔවුන් එව
ලේම පිටත්ව ගොස්, නැවට නැඟු
ණෝය; නුමුත් ඒ රාත්‍රියෙහි කිසිවක්
4. ඇල්ලුවේ නැත. පහන්වූකල
යේසුස්වහන්සේ වෙරළෙහි සිටියේ
ය; නුමුත් ගෝලයෝ යේසුස්වහන්
5. සේයයි දැනගත්තෝ නැත. එකල
යේසුස්වහන්සේ, "දරුවෙනි, නුඹලා
ළඟ කන්නට මොකවත් තිබේදැයි"
ඔවුන්ගෙන් ඇසුසේක. ඔවුන්ද
6. "නැතැයි" කීවෝය. එවිට උන්
වහන්සේ, "නැවේ දකුණු පැත්
තෙන් දැල දමමොත් අසුවේයයි"
ඔවුන්ට කීසේක. ඔවුන් එසේ දැල
දමා, මසුන් බොහෝ බැවින් ඇද
7. ගන්ට නොහැකිවූවෝය. එවිට
යේසුස්වහන්සේ ප්‍රේමකළ ගෝල
යා පේතෘස්ට කථාකොට, "ඒ ස්වා
මීන්වහන්සේයයි" කීය. සීමොන්
පේතෘස් ඒ ස්වාමීන්වහන්සේයයි අසා,
තමන් ඇඳුම් නැතුව සිටි බැවින්
සළුව බැඳගෙන, මුහුදට පැන්නේය.
8. අනිත් ගෝලයෝ මසුන් සමඟ
දැල ඇදගෙන, ඔරුවෙන් ආවෝය.
මක්නිසාද, ඔවුන් වෙරළින් රියන්
දෙසියකට වඩා දුර නොවී සිටියෝය.
9. ඔවුන් ගොඩබැස්සකල, එහි ගිනි
අඟුරුද ඒ පිට මසුන් තිබෙන බවද
10. රොටිද දුටුවෝය. යේසුස්වහන්
සේ, "නුඹලා දැන් ඇල්ලූ මසුන්
ගෙන් ගෙනෙල්ලායයි" ඔවුන්ට
11. කීසේක. සීමොන් පේතෘස් හැරී
ගොස්, එකසිය පනස්තුන්දෙනෙක්
මහ මසුන්ගෙන් පිරුණු දැල වෙරළට
ඇද්දේය. එපමණ තිබෙද්දීත් දැල
12. ඉරුණේ නැත. යේසුස්වහන්සේ
කථාකොට, "ඇවිත් කාපල්ලායයි"
ඔවුන්ට කීසේක. උන්වහන්සේ ස්වා
මීන්වහන්සේයයි දැන, ගෝලයන්
ගෙන් කිසිවෙක්වත්, "ඔබවහන්සේ
කවුදැයි" උන්වහන්සේගෙන් අසන්
13. නට හයවූවෝය. එවිට යේසුස්
වහන්සේ ඇවිත්, රොටි අරගෙන
ඔවුන්ට දී, එසේම මසුන්ද දුන්සේක.
14. යේසුස්වහන්සේ මළවුන්ගෙන්
නැඟිට, ගෝලයන්ට තමන් දක්වූ
මේ තුන්වෙනි වාරයය.

15. ඔවුන් කෑ පසු යේසුස්වහන්
සේ, "යෝනාගේ පුත්‍රවූ සීමොන්,
මොවුන් මට ප්‍රේමවෙනවාට වඩා
නුඹ මා කෙරෙහි ප්‍රේම වන්නේදැයි"
සීමොන් පේතෘස්ට කීසේක. ඔහු
"එසේය, ස්වාමීනි, මම ඔබවහන්
සේ කෙරෙහි සෙන්හ ඇති බව ඔබ
වහන්සේ දන්නාසේකැයි" උන්ව
හන්සේට කීය. උන්වහන්සේ, "මා
ගේ බැටළු පැටියන් පෝෂ්‍යයකරප
16. න්නැයි" ඔහුට කීසේක. නැවි
තත් දෙවෙනි වර, "යෝනාගේ
පුත්‍රවූ සීමොන්, නුඹ මා කෙරෙහි
ප්‍රේම ඇද්දැයි" ඔහුට කීසේක. ඔහු,
"එසේය, ස්වාමීනි, මම ඔබවහන්
සේ කෙරෙහි සෙන්හ ඇති බව ඔබ
වහන්සේ දන්නාසේකැයි" උන්ව
හන්සේට කීය. උන්වහන්සේ "මාගේ
බැටළුවන් ප්‍රවේසම්කරපන්නැයි"
17. ඔහුට කීසේක. තුන්වෙනි වර,
"යෝනාගේ පුත්‍රවූ සීමොන්, නුඹ
මා කෙරෙහි සෙන්හ ඇද්දැයි" ඔහුට
කීසේක. තුන්වෙනි වර, "මා කෙ
රෙහි සෙන්හ ඇද්දැයි" යේසුස්වහන්
සේ ඔහුට කී බැවින්, පේතෘස් දුකට
පැමිණ, "ස්වාමීනි, ඔබවහන්සේ
සියල්ල දන්නාසේක; මම ඔබවහන්
සේ කෙරෙහි සෙන්හ ඇති බව ඔබ
වහන්සේම දන්නාසේකැයි" උන්ව
හන්සේට කීය. යේසුස්වහන්සේද
ඔහුට කියනසේක්, "මාගේ බැටළු
18. වන් පෝෂ්‍යයකරපන්න. සැබ
වක් සැබවක් නුඹට කියමි, නුඹේ
යෞවන කාලයේ නුඹේ ඉඟටිය බැඳ
ගෙන කැමති තැන්වල ඇවිද්දේය;
නුමුත් නුඹේ මහළු කාලයේ නුඹේ

අත දිගුකරන්නේය, වෙන එකෙක්
නුඹේ ඉඟටිය බැඳ, නුඹ නොකැමැති
තැනට ගෙන යනවා ඇතැයි" කී
19. සේක. කවර මරණයකින් ඔහු
දෙවියන්වහන්සේ ගෞරවයට පමුනු
වන්නේදැයි පෙන්වමින්, මෙසේ
කීසේක. මෙසේ කියා, "මා පස්සේ
වරෙන්නැයි" ඔහුට කීසේක.
20. එකල පේත්‍රුස් හැරී, යේසුස්
වහන්සේ ප්‍රේමවූ, රාත්‍රිභෝජනයෙ
හිදී උන්වහන්සේගේ ළැපැත්තේ
හාත්තිව "ස්වාමීනි, ඔබවහන්සේ පා
වාදෙන්නා කවුදැයි" ඇසුවාවූ ගෝ
21. ලයා පස්සේ එනවා දැක, "ස්වා
මීනි, මොහුට කුමක් වන්නේදැයි"
යේසුස්වහන්සේගෙන් ඇසුයේය.
22. යේසුස්වහන්සේ "මම එනතුරු
ඔහුගේ සිටීමට මම කැමතිනම්,
නුඹට මොකද? නුඹ මා පස්සේ
23. වරෙන්නැයි" ඔහුට කීසේක. එ
හෙයින් "ඒ ගෝලයා නොමියන්
නේයයි" යන වචනය සහෝදරයන්
අතරේ පතලවී ගියේය. එසේ නුමුත්
යේසුස්වහන්සේ, "මම එනතුරු
ඔහුගේ සිටීමට මම කැමතිනම්,
නුඹට මොකදැයි" කීවා මිස, "ඔහු
නොමියන්නේයයි" නොකීසේක.
24. මේ දේ ගැන සාක්ෂි දෙන්නාවූ
මේ දේ ලිවූ ගෝලයා මේය; ඔහුගේ
සාක්ෂිය සැබෑයයි අපි දනිමුව.
25. යේසුස්වහන්සේ විසින් කල
වෙනත් බොහෝ කාරනා ඇත;
ඒවා එකින් එක ලියනලද්දේනම්,
ලියනලද පොත් ධරන්ට ලෝකයට
බැරියයි සිතමි.

CPSIA information can be obtained
at www.ICGtesting.com
Printed in the USA
BVHW030451310720
585112BV00001B/90

9 780359 523306